Palmetshofer | die unverheiratete

Theater der Gegenwart

Ewald Palmetshofer

die unverheiratete

Nachwort und Anmerkungen von Sascha Feuchert

Reclam

RECLAMS UNIVERSAL-BIBLIOTHEK Nr. 14285
2022 Philipp Reclam jun. Verlag GmbH,
Siemensstraße 32, 71254 Ditzingen

Gestaltung: Cornelia Feyll, Friedrich Forssman
Druck und Bindung: EsserDruck Solutions GmbH,
Untere Sonnenstraße 5, 84030 Ergolding
Printed in Germany 2022
RECLAM, UNIVERSAL-BIBLIOTHEK und
RECLAMS UNIVERSAL-BIBLIOTHEK sind eingetragene Marken
der Philipp Reclam jun. GmbH & Co. KG, Stuttgart
ISBN 978-3-15-014285-1
www.reclam.de

Das im Dramentext gesetzte Winkelzeichen (⌟) markiert das Ende von Umbruchzeilen. Die so markierten Zeilen bilden also mit der vorangehenden Zeile eine rhythmische Einheit und sind zusammenhängend zu lesen.

Das Beil, das Männer mordet,
reiche mir einer
rasch!
(Klytaimnestra)

Personen

DIE JUNGE (30)
DIE MITTLERE (50)
DIE ALTE (90)

4 SCHWESTERN
(die Hundsmäuligen)

Drei Betten, für die Junge, die Mittlere, die Alte, und also wie drei Häuser und zugleich die Schließanstalten, in welchen die vier hundsmäuligen Schwestern diese Betten zu bewohnen pflegen und es immer mehr Menschen als Betten gibt, und die Türen haben Gucklöcher und Löcher für den Fraß, und man trinkt aus Schnabelbechern und blickt aufs Feld, von den Bäumen dort trägt keiner mehr Frucht, und der große davon wächst aus des Pferdes Grab in den Himmel, und zwischen Wurzelwerk und Rippen finden Wohnstatt Mensch und Tier, und aus Brettern gezimmert des Richters leerer Thron ins Publikum blickt, und in die Erde ist der Heiland vom Kreuz gestürzt, und das Gericht, es kennt sein Volk.

†

Dunkel
kein Licht
eine Frau atmet
und atmet
und atmet
und

§

SCHWESTER#1
Ruhe
Ruhe hier im Saal
der Richter Ruhe ruft
SCHWESTER#2
schon aus geringren Gründen brüllt er
SCHWESTER#1
Ruhe
SCHWESTER#2
hab ich diesen Saal geräumt
SCHWESTER#3
ich räum den Saal wenn augenblicklich nicht
SCHWESTER#2
schon aus geringren Gründen
SCHWESTER#4
Himmelherrgott

SCHWESTER#3
augenblicklich
SCHWESTER#2
hat er räumen lassen sagt er
ist bekannt dafür dass er den Saal
da kennt er nichts
den lässt er räumen
SCHWESTER#3
die Verhandlung führt mit harter strenger
SCHWESTER#1
Ruhe jetzt
SCHWESTER#4
schlägt mit der Hand der flachen schlägt
SCHWESTER#3
mit harter strenger Hand er führt
SCHWESTER#4
schlägt auf den Tisch den Richter-Tisch
wie heißt denn das
Katheder
auf den Richter-Tisch
SCHWESTER#2
er schlägt und nochmal nochmal schlägt
SCHWESTER#3
ich sagte Ruhe in dem Saal verdammt
SCHWESTER#1
sofort jetzt Ruhe Ruhe hier sonst räum ich ihn den Saal
ich lass ihn räumen jetzt sofort und auf der Stelle
SCHWESTER#3
still
SCHWESTER#1
dann wird es ruhig

SCHWESTER#4

der Richter aufgesprungen von dem Stuhl dem Richter-Stuhl dem Sitz beim Schlagen mit der Hand bekannt dafür dass ihm sehr schnell der Faden reißt von der Geduld ist aufgesprungen nimmt er wieder Platz

SCHWESTER#3

dann alles still sind alle endlich still

SCHWESTER#1

was ist denn das?

SCHWESTER#2

es zuckt das Licht im Saal das Deckenlicht nein Fenster gibt es nicht zuckt kurz das Licht

SCHWESTER#4

ein Raunen

SCHWESTER#1

Ruhe

SCHWESTER#2

hebt der Richter schon zum Schlagen auf den Tisch die Hand ein zweites Mal und

SCHWESTER#3

wieder still bevor ein Ordnungsruf bevor der Richter Ruhe ruft und mit der Hand

SCHWESTER#2

sie sinken lässt

SCHWESTER#1

und hell das Licht im Saal

SCHWESTER#2

geschlagen er der Richter
nicht

SCHWESTER#4

dann endlich spricht

der Mann
das Foto hält
die Frau von ihm im Publikum im Volk zu Boden blickt sie schaut nicht an nicht ihn den Mann das Foto nicht das das er hält die Händ im Schoß von ihr zur Faust geballt die Hände beide würgt den einen Zeigefinger würgt sie ausgestreckt den Finger eine Faust herum und würgt den linken Zeigefinger mit der rechten Faust wenn sie nicht aufhört würd man meinen dass die Fingerspitze Kuppe platzt lässt los den Griff die Faust der Finger weiß und bisschen blau den Daumen greift und schraubt ihn in die Faust und zieht die Daumenschraube fest und immer fester blickt nicht hoch zum Mann im Zeugenstand der ihrer ist ihr Mann ihr Ehemann zu reden angefangen

SCHWESTER#3
alles still

SCHWESTER#1
im Saal

SCHWESTER#2
bis auf den Mann

SCHWESTER#4
er spricht dabei das Foto hält schaut immer wieder drauf und auf und zeigt es her ins Publikum und hin zum Richter viel zu klein wir können es was auf dem Foto ist wir können das nicht sehn zu klein zu klein und zu weit weg das Foto das Gesicht drauf sehn es nicht wir stelln uns vor was auf dem Foto sein Gesicht stelln wir uns vor ein junger Mann drauf auf dem Lichtbild sehen tun wir's nicht wir schaun den Vater der das Foto hält von seinem Sohn ein Brustbild schaun ihn an den Vater dann die Mutter das Gesicht von ihr sie zeigt es nicht beim Rein-

gehn nur am Anfang in den Saal wir kurz gesehn erhascht ein Blick jetzt nicht das Kopftuch tief und einen Schatten wirft den Kopf gesenkt schaun wir den Vater wieder an und stelln uns vor wie das Gesicht am Bild aus Vater Mutter sich zusammenfügt zusammensetzt vermischt ein schmales Bübchen im Gesicht wie beide Eltern Nase zart geschnitzt von ihr die Augen weiß man nicht von ihm von ihr sind groß ganz nach dem Vater kommt vielleicht bebrillt die Augenfarbe zeigt das Foto sowieso schwarzweiß die zeigt es nicht wir denken blau vielleicht auch braun das hätt er von der Mutter dann wir glauben stelln uns vor ein fescher Bursch die Lippen schön geschwungen wie gemalt vielleicht ein bisschen schmal die Wangen zart die Haut kein Haar drauf wie ein Kind er lächelt nicht weil das verboten ist ein Wehrmachtsfoto lächelt nicht der Vater spricht von seinem Sohn erzählt er dem Gericht erzählt erzählt dass er gelacht fernmündlich auf ein Wiedersehn am Schluss gefreut gelacht zeigt mit der Hand das Foto hält er fest zur Faust geballt zeigt auf die Frau bricht ab steht auf ein Raunen Rufen Stimmen

SCHWESTER#1

Ruhe in dem Saal

SCHWESTER#3

der Richter Ruhe
wieder
ruft er

SCHWESTER#1

Ruhe

SCHWESTER#3

wieder wieder

SCHWESTER#2
zuckt das Licht
SCHWESTER#1
der Anwalt macht Notizen blickt dann hoch
legt einen Zettel seitlich ab
SCHWESTER#3
der Richter dankt dem Vater
SCHWESTER#4
danke
SCHWESTER#2
hab genug gehört
und dass das schwer
das anerkennt der Richter das Gericht
für einen Vater eines Sohns
SCHWESTER#3
der Mann nimmt Platz
im Volk
im Publikum
bei seiner Frau
SCHWESTER#1
die andre
andre Frau
SCHWESTER#3
die Angeklagte
SCHWESTER#1
regungslos
SCHWESTER#2
erdrückend!
SCHWESTER#3
diese Last des Zeugen
der Beweise

SCHWESTER#2
des Gesagten
SCHWESTER#3
sagt der Richter
SCHWESTER#4
wie entkräftet das Gehörte
sie
die Angeklagte
SCHWESTER#3
wie rechtfertigt sie
SCHWESTER#1
und stehn Sie auf gefälligst
stehn Sie auf
wenn das Gericht mit Ihnen spricht
SCHWESTER#2
die Hand vom Richter auf den Tisch herniederschlägt
SCHWESTER#4
und auf sie steht
von ihrer Bank
SCHWESTER#2
der Angeklagtenbank
SCHWESTER#3
der Rücken kerzengrad
die Brust geschwellt
SCHWESTER#4
mit was man weiß es nicht
SCHWESTER#3
mit Stolz
vermutlich
SCHWESTER#4
glaublich

SCHWESTER#2

heißer Luft

SCHWESTER#3

der Bauch
ein bisschen eingezogen

SCHWESTER#4

ist vielleicht ganz einfach leer
der Bauch die Frau vom Fleisch gefalln
ob das am Essen liegt der Kerkerkost die man kredenzt?
verwöhnt vielleicht sie ist zu gut fürs Essen sich

SCHWESTER#1

das Dirndlkleid ist viel zu weit

SCHWESTER#4

die Schürze eng geschnürt kaschiert das nicht

SCHWESTER#1

nach innen aus dem Kleid gewachsen
in das Dirndl reingeschrumpft

SCHWESTER#3

nicht unhübsch wird die Zeitung schreiben
morgen
unhübsch nicht

SCHWESTER#2

und dann die Frau
die Angeklagte
vorgeht und
sie spricht

DIE ALTE

ich kann nur sagen
kann mich nicht erinnern mehr
beim besten Willen nicht
ist durchaus möglich dass

ich weiß es nicht
kann immer wieder sagen nur
ich war heut gar noch nicht im Bett
wie ich hierherkomm
auf den Boden
plötzlich
vor den Augen
schwarz
die Weste schwarze wollt vielleicht ich holen
glaublich
von dem Haken
hing die
selbstgestrickt
und an der Garderobe aufgehängt
mir war so kalt
könnt sein vielleicht
bin ich gestürzt
wer weiß
dann schwarz
und aus
das Licht

1

DIE JUNGE
der Anruf kam ich lag im Bett ein Samstagmorgen wach schon länger zugehört dem Atmen von dem Mann das der beim Schlafen macht wie hingeschissen ausgestreckt in meinem Bett hab mir gedacht paar Jahre noch paar Kilo Fett an Bauch und Brust dann wird das Atmen

sicher Schnarchen sein in seiner Zukunft ganz bestimmt ich bleib nicht über Nacht hat er gesagt muss raus frühmorgens muss ich wirklich früh in aller Herrgotts auf den Flieger bleib drum lieber nicht ich schlaf zuhaus ich mein »Hotel« bei mir nicht über Nacht bleib ich damit du's weißt und dich nicht wunderst wenn du wach wirst morgen bin ich weg und ich dann drauf soll ich den Slip mir selber ausziehn oder was? ich glaub er hat gelacht dann kam die Nacht der Rest der Nacht der kurze Rest mit allem was dazu gehört paar Stunden später Tageslicht am Morgen offensichtlich war gegangen er nein war er nicht lag der noch immer da was sicherlich mit mir zu tun nein hatte nichts das kommt schon vor passiert dass man verschläft in fremden Betten meinem saß im Flugzeug leider nicht

mein Arm der ragte taub aus meinem Bett hinaus mach ich die Augen auf zur Leuchtschrift von dem Wecker fiel mein Blick den abgestorbnen Arm dann irgendwie entlang hinab auf diesen Hosenhaufen links vom Bett auf meiner Seite wo er rausgestiegen nachts die Hosen fallen auf den Boden gleiten ließ von sich und lag noch dort und aus der Tasche von dem Haufen schaut ich musst mich nur ein bisschen strecken so so langer Arm und griff hinab zum Boden hin zur Hose ließ den Kopf den ganzen Körper meinen wie er war am Rand von der Matratze nur der Arm und aus der Anzugshosentasche Vorsicht! zog mit spitzen Fingern ich sein Telefon hielt's in der Hand und wog es schaute machte auf hab mir gedacht es ist der Mann da neben mir in mich heut Nacht gedrungen dring ich nur kurz in ihn und schaute forschte las mit wem er spricht mit wem er schreibt wer ihm was er für

Fotos hat sehr wenig von dem Mann erfahrn in dieser Nacht was man nicht auch von andren Männern auf die gleiche Art erfahren würd Recherche Forschung dacht ich nach verbrachter Liebesnacht und geb ich zu gesteh ein bisschen spät erwacht mein Interesse an dem Mann Natur und Landschaft Ausflug in die Berge Fotos Freunde vor der Hütte Sonnenauf- vielleicht auch -untergang ein Gipfelkreuz die Freunde Daumen hoch Gewinnerpose Sieg Berg Heil gefolgt von Bildern anonymer Städte Plätze Häuser Wolkenkratzer junge Fraun im Gras am Fluss dann Schluss sein Telefon in meiner Hand ich drehte auf den Rücken sachte mich und schau ihn an und wie er atmet schläft schoss ich ein Foto über meine Brust hinweg das ihn beim Schlafen Schnarchen Atmen zeigt und nackt in meinem Bett statt eines Bergs im Vordergrund kein Gipfelkreuz die Spitze meines rechten Busens unscharf leicht verschwommen denk ich schön

dann läutet plötzlich klingelt's Scheiße ließ das Telefon in meiner Hand warf's in den Hosenhaufen schnell und mach die Augen zu und tu als ob ich schlafen würd und spürte wie der Mann sich rührt und dreht dann fiel mir auf dass das mein Klingelton am Nachttisch blinkt und klingelt und vibriert mein Telefon war gar nicht seins ich fasste hin ich macht es aus und saß der Mann auf einmal senkrecht kerzengrade in dem Bett verdammt wie spät ich weiß es nicht log ich ich schlaf doch noch Moment fast acht Mensch fuck fuck fuck verdammt mein Flug dann sprang er auf warf ihm die Hosen und das hier pass auf vom Boden sprang er schnell hinein das Hemd noch offen ciao! und danke! und schon bei der Türe raus ich könnt noch bisschen schlafen dacht ich hab das Bett allein für mich nur kurz nur drei Minuten bisschen noch mich umgedreht und breit gemacht dann läutet das schon wieder Samstag kurz nach acht verdammt nein zehn wer ist denn das? ach Mutti hallo nein ich war schon bin schon wach

DIE MITTLERE

wasch noch den Dreck
aus meinen Nägeln
von den Händen
bist das Vater du denk ich
mit Erde hast du dich vermischt
hab reingefasst in dich
bevor ich zu der Mutter ging
paar Blumen eingepflanzt am Grab
in Vater dich
wie schaust denn du aus?

DIE JUNGE

hallo Mutti

DIE MITTLERE

grüß dich Ulli

DIE JUNGE

sag wo bist du denn?

DIE MITTLERE

bist krank?

DIE JUNGE

ich stand vorm Haus hab sturmgeläutet

DIE MITTLERE

schlecht schaust aus

DIE JUNGE

hör auf jetzt Mutti!
bin so schnell ich konnt ins Auto rein hierhergefahrn
zum Schön-Sein blieb da keine Zeit

DIE MITTLERE

hab nicht gesagt dasst hässlich bist
nur schlecht schaust aus
das ist ein Unterschied
dass du auch immer alles falsch verstehst
ich hab gesagt ich wart bei mir

DIE JUNGE

bei ihr
im Haus
du hast gesagt im Haus

DIE MITTLERE

zuhaus
das ist ein Ulli Unterschied

DIE JUNGE

was gehst dann nicht ans Telefon?

DIE MITTLERE

es liegt der Schlüssel weißt du doch
und außerdem
vielleicht hab ich die Haare noch den Kopf mir waschen
müssen ⌟
tut mir leid
hab in der Früh noch Blumen eingesetzt bevor ich her
so wie ich ausschau
war nicht vorbereitet
kann ich nicht hab ich gedacht mich vor die Ärzte stelln
mit fetten Haarn fahr ich bestimmt nicht Ulli in die
Stadt ⌟
Entschuldigung

DIE JUNGE

na du bist lustig
weil zum Duschen hab ich selber keine Zeit gehabt

DIE MITTLERE
du kommst ja grad von dort
DIE JUNGE
genau
weil Mutti in der Stadt da wird das Haar nicht fett
da schaut man von Natur aus immer prächtig aus
das kommt vom Kalk im Leitungswasser ganz bestimmt
DIE MITTLERE
ja daran könnt es liegen
siehst
und unser Wasser hier zum Beispiel hat viel Eisen
gut fürs Blut
drum warst du früher immer rosig im Gesicht
DIE JUNGE
ja früher
lange her
DIE MITTLERE
ja lange
danke dass du kommen bist
jetzt lass dich küssen Ulli
DIE JUNGE
hallo Mutti
DIE MITTLERE
lass dich küssen
bin so sehr erschrocken wie ich bei der Türe rein
und dann das Rote Kreuz gekommen ewig nicht
stand ich im Zimmer rum
konnt gar nichts tun
der Rettungsmann der hat so blöd geschaut
wie ich gesagt hab nein ich fahr nicht mit
ich komm dann mit den Sachen

mit der Tochter komm ich nach
wie der sich sowas vorstellt weiß ich nicht
ich muss ja hinterher vielleicht auch wieder heim
ich hab gesagt hab keinen Führerschein
ich glaub ein Taxi für den Heimweg meinen
kann mich täuschen
ist die Rettung nicht
ich glaub das war ein Schlag der sie gestreift getroffen
weiß ich nicht
ich bin so weit
hier in der Kanne ist Kaffee für dich
ich kenn dich doch
ich bin ein Schatz
nicht wahr

2

SCHWESTER#1
wen ham wir da?
SCHWESTER#4
wir nähen stricken Äpfel pflücken
SCHWESTER#3
geht die Tür
SCHWESTER#2
auf einmal geht die Türe auf
SCHWESTER#3
zum Saal zum Arbeitssaal
es schließt die Schlüsselschließermeisterin
SCHWESTER#2
schau an schau an

SCHWESTER#1
wen wir hier ham
SCHWESTER#3
die Tür schließt auf
SCHWESTER#4
steht eine schlanke Ranke
Neue
in dem Saal
SCHWESTER#2
lass dich mal
SCHWESTER#4
du
ja du
man spricht mit dir
SCHWESTER#1
du Neuzugang
drehst dich mal um und schaust uns
SCHWESTER#4
hörst uns?
SCHWESTER#2
lass dich anschaun
SCHWESTER#1
schau uns an
SCHWESTER#3
jetzt Schwestern lasst sie gehn
SCHWESTER#4
nein nein die rührt sich glaub ich hört uns nicht
SCHWESTER#1
die kann nur stehn
stocksteif
nicht mit der Wimper zuckt

SCHWESTER#2
vielleicht das Hörn und Sehn vergangen dort
von wo sie herkommt
SCHWESTER#1
ganz bestimmt
SCHWESTER#3
und ganz normal
lass dir gesagt sein Kindchen
ganz normal
geht einer jeden so
SCHWESTER#2
naja
das glaub ich nicht
das würd ich gar nicht meinen nein
SCHWESTER#3
ich kann mich gut erinnern wie du Schwester kommen bist
in später erster Nacht
wir dich gehört
im ganzen Stock
gewinselt wie ein junger Hund
die Augen rausgeheult
am nächsten Tag gesehn wir dich
zwei rote Löcher im Gesicht
SCHWESTER#2
ach was
SCHWESTER#4
da hat sie leider Schwester recht
erinnre dich
SCHWESTER#2
weiß nicht wovon die spricht
ich nähe stricke Löcher flicke

SCHWESTER#1
still
ich glaub gleich sagt sie was
gleich gleich
kann's sehn bereitet vor sie grade sich
SCHWESTER#4
tatsächlich
schaut
holt lange Luft und bläst den Busen auf
stocksteif sie steht
SCHWESTER#2
das Anstaltskleid
SCHWESTER#4
ganz aufgebläht
SCHWESTER#2
an ihr fast wie zum Trocknen aufgehängt auf einem
Besen weht ⌟
SCHWESTER#3
halt's Maul
schau mich mal Mädel an
du kannst getrost die Luft entweichen lassen
gar nicht nötig
lohnt die Mühe nicht
die Luft hier drin die ist gesiebt
die schadet mehr als dass sie nützt
SCHWESTER#2
hast ghört
SCHWESTER#4
lass fahrn
SCHWESTER#3
bekommt dir nicht

SCHWESTER#2
und auch der Stolz
SCHWESTER#4
falls das ein Stolz
das weiß man nicht
SCHWESTER#2
dochdoch
den hat noch jede abgelegt hier drin
SCHWESTER#3
meist an der Pforte schon
nicht wahr
SCHWESTER#2
was schaust jetzt mich so an?
es könnt auch sein dass sie von dieser Regel eine
Ausnahm ist ⌟
ich kenn mich medizinisch ja nicht aus
ob diese Bohnenstangig-Aufgerichtetheit
der Stolz nicht gar ein Leiden ist
im Kreuz im Rücken in der Wirbelsäule
müsst Frau Doktor
wenn sie mal die Güte hätt
geschulten Augs drauf schaun
vielleicht
SCHWESTER#3
wie heißt du denn?
SCHWESTER#1
sie atmet aus
und ohne Ton
und sagen tut sie nichts
SCHWESTER#2
nur nickt

SCHWESTER#4
der Name ist korrekt?
DIE JUNGE
Maria
SCHWESTER#3
Tag und Monat
SCHWESTER#1
Jahr von der Geburt
SCHWESTER#4
wie angegeben
SCHWESTER#1
sie
SCHWESTER#2
nach den Verhältnissen befragt
SCHWESTER#1
ist ledig
SCHWESTER#3
gibt sie an
SCHWESTER#2
und Haushalt
SCHWESTER#4
auf die Frage nach Beruf und Stellung
DIE JUNGE
gänzlich ganz zuhaus war sie
SCHWESTER#3
nach Volks- und Haushaltsschule
SCHWESTER#1
keine Bildung
SCHWESTER#4
keines
kein Vermögen

SCHWESTER#1
Pflicht zu sorgen
SCHWESTER#2
niemand
SCHWESTER#1
nein für keinen
SCHWESTER#2
niemand
SCHWESTER#4
nichts
SCHWESTER#3
ob das korrekt und wahrheitsmäßig
DIE JUNGE
ja
SCHWESTER#3
sie nickt
DIE ALTE
ich lag so da
weiß nicht wie lang
im Zimmer in der Zelle rum
zur Decke hochgeschaut
ganz grau
im Wagen dann
hinaus hinaus
ins Grün
gefahrn der Wagen
wie ein Kasten
Grüner Heinrich auch genannt
volksmündlich
hätt so gern beim Fenster bisschen
kann ich nicht ein wenig rausschaun

seh die Landschaft nicht
ich würd so gern die Wiesen Felder
möcht
wenn ich nur wüsst ob's draußen Bäume
weiß man nicht
und kann man denken sich und muss man sehn drum nicht
die schaun sich alle gleich
die Bäum
der Fahrer
sagt
der Rotzbub
blöde Sau die freche
hab schon Bäume gsehn denk ich
wie der noch in die Windeln reingeschissen
mit den Mücken rumgeflogen in der Luft
und nicht gegeben dich
hab ich schon Bäume ewiglich
und du nicht mehr als ein Gedanke
lüstern
schmutzig
von der geilen Hündin
die dir Mutter worden ist
halt's Maul
schaust besser auf die Straße gradeaus
das wär vom Schicksal lächerlich
dass ich das Leben überleb
hernach im Graben land
an einem Baum zerschlagen
den ich sehn nicht kann

DIE JUNGE

wie geht's ihr denn?
ich bin die Enkeltochter

DIE MITTLERE

ich die Mutter
ihre
von der Enkeltochter

SCHWESTER#3

Schwiegertochter also sind Sie
der Patientin

DIE MITTLERE

nein
nein leiblich
bin die Tochter
meine Mutter ist das
guten Tag
ich bin so schnell ich konnt
hab ihre Sachen in der Tasche
Nachthemd Wäsche Waschzeug hab ich mit
soll ich der Schwester geben das?

DIE JUNGE

wie geht's ihr
geht's ihr gut?

SCHWESTER#2

sie war beim Röntgen grad

SCHWESTER#1

wer hat sie denn gefunden?
warn das Sie?

DIE JUNGE

ich bin nur der Chauffeur

DIE MITTLERE
ich kam hab ich dem Sanitäter schon gesagt
ins Haus am Morgen
mit dem Essen
lag sie auf der Erde
nackt
ich weiß es nicht
vielleicht beim Anziehn in der Früh sich von der
Garderobe was geholt wahrscheinlich hingefalln dabei
geglaubt sie ist
man konnt ein Glück sie atmen hörn
als ob sie schläft
hab dann versucht
sie aufgeweckt
die Augen gar nicht aufgemacht
die ganze Zeit
ich saß
hab meine Tochter angerufen
dann die Rettung
umgekehrt
bei ihr am Boden
war nicht ansprechbar
für mich
die Augen gar nicht aufgemacht
und auch gesprochen nicht
bis dass der Rettungsmann dann ihren Namen
auf sie eingeredet hat
ihn angeschaut
Grüß Gott gesagt
was ist denn los mit ihr?
SCHWESTER#3
sie war ein bisschen aufgebracht

SCHWESTER#1
sie lebt allein hat sie gesagt

SCHWESTER#2
mit 96
würd ich meinen sehr erstaunlich

DIE MITTLERE
fit
sie ist sehr fit
für dieses hohe Alter ist sie wirklich
war mein ganzes Leben in dem Haus
nein mich verpflanzt ihr nicht
sagt sie
wenn man mit einem Vorschlag kommt
ein Vorschlag ist ein Schlag mit einem Vorschlaghammer
meine Mutter hat Humor
ich helf ihr

DIE JUNGE
und die Nachbarin

DIE MITTLERE
ja auch
die auch
man muss halt alles machen
putzen Wäsche kochen
kann sie selber nicht
wir mussten unlängst auch den Herd vom Stromnetz nehmen
weil

DIE JUNGE
sie sieht sehr schlecht
kann ich jetzt rein zu ihr?

SCHWESTER#3
ich glaub sie schläft
DIE JUNGE
ich bin auch leise
schau nur bei der Türe rein

3

DIE ALTE
die erste Nacht
die andern Fraun im Bett
ich auch
das Licht von einer Wachfrau ausgemacht
verborgner Hand
den Fraß im Napf nicht angerührt
hab keinen Hunger
blieb mir nicht wenn ich das äß
Karotten eingesäuert mit Kartoffeln faulig
Sautrank das
die große Lange aufgefressen dann
die Wachfrau abgeschalt hernach die leeren Schüsseln
Fraun ich schale ab
hab nur das Brot zurückbehalten in der Kleiderschürzentasche ⌟
ich
ich lieg im Bett
mir fremde Frauen auch
es geht das Guckloch auf
von draußen
Licht vom Gang hindurch durchs Loch ins Zimmer

in die Zelle fällt
dann schaut ein Einzelaug
verdeckt das Licht
ich glaub
mich an
weiß nicht wem das gehört
wer schaut durchs Loch hindurch herein
in mich hinein
wer bist du
Aug
halt an die Luft
die Decke hochgezogen
mach ich schnell die Augen zu
ja du?!

DIE JUNGE

wie geht's dir Oma denn
du machst ja Sachen
wie man hört

DIE ALTE

das muss am Wetter liegen
liegt am Luftdruck sicherlich
ich weiß es nicht
ich war mein Lebtag niemals krank
ich hab die Schwester beim Durchleuchten
hab gefragt
Frau Schwester raten S' mal wie alt ich bin
was glaubst hat die gesagt?

DIE JUNGE

na was denn?

DIE ALTE

nein Frau Schwester falsch

Sie täuschen Sie verschätzen sich
haushoch
bin 96
keinen Tag war krank
da hat sie Augen weit gemacht
ist deine Mutter auch gekommen?
seh sie nämlich nicht
das sieht ihr gleich
dass sie sich sehen lässt hier nicht

DIE JUNGE

die spricht grad draußen mit den Ärzten

DIE ALTE

ach
ich glaub nur gibt zum Reden nichts

DIE JUNGE

hat deine Sachen mitgebracht

DIE ALTE

Ulrike komm mal bisschen her
sag
näher
komm schon her
das muss nicht jede hörn von diesen Fremden hier
ja hier aufs
sag
ja so ist's gut
hast eine Liebe in der Stadt?

DIE JUNGE

da mach dir keine Sorgen Oma

DIE ALTE

mach ich nicht
wer sagt denn das

dass ich mir Sorgen mach
es ist doch alles dran an dir
das wär ein schöner Depp der das nicht sieht

DIE JUNGE
wir sind halt beide bisschen spät

DIE ALTE
wie meinst denn das?

DIE JUNGE
naja

DIE ALTE
das hab ich mir nicht ausgesucht
und außerdem
im Krieg hat's keine Männer nicht gegeben

DIE JUNGE
nachher mein ich Oma
nach dem

DIE ALTE
Krüppel
alles Krüppel
eine reine Weiberwirtschaft war das
sag
ist deine Mutter auch gekommen?

DIE JUNGE
ja die Mutti draußen ist die
hab ich vorher

DIE ALTE
allerhand
wie kommt denn die hier her?
was macht sie draußen
steht sie rum?

na meinetwegen
kann sie
soll sie stehen ruhig

DIE JUNGE

weißt Oma was
ich geh dann wieder mal
die Schwester sagt du sollst ein bisschen schlafen

DIE ALTE

ach was weiß denn die
na wenn's die Schwester sagt
von mir aus
mach das Licht aus wenn du gehst

DIE JUNGE

das ist die Sonne Oma

DIE ALTE

ach die Sonne ist das
na das geht natürlich nicht
wo käm man denn da hin wenn man die Sonn
dann wart ich bis sie selber ausgeht
nicht?
die alte Haut
die gelbe
geht gewiss von selber aus

DIE JUNGE

gut Nacht

DIE ALTE

ja gute Nacht
Ulrike
sag wann kann ich heim?

DIE JUNGE

das fragt die Mutti sicher grad

bestimmt
ich komm bald wieder
gute Nacht

SCHWESTER#1
gut Nacht

SCHWESTER#4
gut Nacht

DIE ALTE
im Kasten Ulli in der Truhe hinten ganz am Boden liegt
ein Heft ⌟
hab aufgeschrieben was für dich
ein bisschen
kannst du lesen Ulli
wenn du willst

SCHWESTER#2
jetzt Ruhe

SCHWESTER#3
gute Nacht Maria

DIE JUNGE
Nacht

4

DIE JUNGE
ich zog die Decke Stückchen weg zur Seite legte frei die rechte Brust von ihm die halbe bis zum Bauch den Hüften dann hinab das nackte Bein entlang zur Hälfte bloß und bar am Nabel an der Mitte ausgerichtet ganz exakt sein Schwanz nach rechts und schlaff das eine Ei die Eichel halb bedeckt noch bisschen feucht am kleinen

Schlitz den einen Arm nach oben abgewinkelt ausgestreckt sprießt Haare in den Himmel aus der Achsel dacht ich liegt er da er zuckt er träumt er fällt im Schlaf saß an der Bar

wo bist du lass uns sagen fragt er beispielsweis in zwanzig Jahrn von heut gerechnet sag wo du dich siehst und nippt und schluckt und spricht ins Glas stellt's ab und grinst das weiß ich nicht sagt ich ich kann mich wirklich gar nicht in die Zukunft denken lach nicht hatt ich mal Talent dafür geb's zu ist mir von einem auf den andern Tag abhandenkommen weiß nicht wie könnt sein seit ich erwachsen bin und rausgefunden in der Empirie dass diese Zukunftsprojektion ich nenn's mal so bei Gott nicht bös gemeint nicht gegen dich das die aus irgendeinem Grund tendiert vom Besten auszugehn und diese Gabe hab ich evidenzbasiert nein leider nicht weil müsst das Beste aus dem Guten angelegterweise sich entfalten automatisch glaub ich leider nicht er nippt er nickt ja hör mir zu und könnt's zwei Gründe geben erstens kann das Gute besser oder schlechter werden deutet nichts drauf hin würd ich mal meinen dass es nur in eine Richtung sich entwickeln kann sonst wär's behindert hinkend nur auf eine Seite hingeneigt und ergo dann ein Gutes nicht ein Krüppel lahm auf einem Bein wer mag kann denken jetzt an Gott von mir aus wenn's ein Gutes gibt kann's beides oder nichts wir schließen: logisch keinen Grund für die Notwendigkeit ausschließlich einer Besserung dann zweitens kürzer liegt der Grund vielleicht noch tiefer Achtung! gibt das Gute einfach nicht

fuhr mit der Hand mir ins Gesicht gefällst mir sagt er du

Entschuldigung mir fällt noch »drittens« ein könnt sein sagt ich dass dieses »Besser« aus dem Guten nicht erwächst ist keine quasi Frucht von ihm die aus ihm sprießt vielmehr der Blitz der's trifft man weiß nicht wann schon gar nicht ob

dann kam ein Kuss die Lippen aufgemacht

ich denk ich hab die Frage sagt ich klar behandelt dir erklärt weshalb ich gar nicht weiß wo ich in zwanzig dreißig Jahren bin

ist durchaus möglich dass ich in dem Augenblick nur kurz mir dachte glaub könnt sein ich weiß wo du in zwei drei Stunden bist vielleicht bestimmt in mir

mich umgedreht im Bett zur Seite Schenkel aufgemacht griff seine Hand und führte sie von hinten durch die Beine meine schlief ich ein

5

SCHWESTER#1

es zuckt das Licht im Saal geht an

SCHWESTER#4

im Schlafsaal

SCHWESTER#1

in der Zelle

SCHWESTER#2

Schlüssel klimpern

SCHWESTER#4

Türe auf

SCHWESTER#2

von draußen

SCHWESTER#3
»Morgen Weiber« ruft wer
rein vom Gang
SCHWESTER#4
die Kanne kommt zum Waschen
von der Wachfrau aufgetragen
SCHWESTER#1
auf den Boden bei der Tür von einer Hand gestellt
DIE JUNGE
ich mach die Augen auf
und nackte Fraun im Zimmer um die Schüssel stehn sie rum ⌟
SCHWESTER#4
tu weiter jetzt
die Arbeit ruft
hopp heb dich
auf
SCHWESTER#2
musst extra eingeladen werden
kannst du lange warten drauf
das ist kein Mädchenpensionat
SCHWESTER#3
ja leider
SCHWESTER#2
find ich auch
hopp hopp
SCHWESTER#1
sie steht ja schon
SCHWESTER#2
ich seh's
Bauch rein Brust raus
ich glaub sie kann nicht anders

SCHWESTER#1
geht's ihr ganz wie dir
nicht wahr
mit deinem Maul
SCHWESTER#2
ich kann auch anders
wenn ich will
SCHWESTER#4
du willst nur nicht
SCHWESTER#2
nein willig bin ich wirklich nicht
ob das für jede gilt
in diesem Raum
SCHWESTER#3
wen meinst denn jetzt?
SCHWESTER#2
nicht mich
SCHWESTER#1
Frau komm schon her
und steh nicht rum
weißt schöner wird's nicht mehr
SCHWESTER#2
du sicher nicht
SCHWESTER#1
wer weiß
fünf Jahre noch
dann blüh ich auf
halt's Maul
mach Platz
SCHWESTER#2
ich bin schon fertig

bitte sehr
und Majestät
die Schüssel
hier
für euch
die Herrschaft
eure
zum Gebrauch
zur Waschung und zur Säuberung
des Königskörpers
eures
wohlgeborn

DIE JUNGE
ich danke herzlichst

SCHWESTER#2
oh
sie spricht

DIE JUNGE
fürs Kompliment
bedank ich mich von ganzem Herzen

SCHWESTER#2
gern
sehr gern geschehn
wenn's sein muss gerne wieder

DIE JUNGE
gar nicht nötig
hat der Tag schon schön genug begonnen
weißt
und wenn's am schönsten ist
dann soll man aufhörn sagt man
Volksmund

sag's nur nach
SCHWESTER#2
bist du politisch
SCHWESTER#1
Schwestern aufgepasst
jetzt wird's erst richtig schön
SCHWESTER#2
ob du politisch bist
ich glaub es muss so sein
das Mundwerk scharf gewetzt
die Zunge wie ein Schwert
musst wohl politisch sein
DIE JUNGE
ich hab für Politik mich niemals
niemals intressiert
das kann ich immer wieder
immer wieder sagen nur
SCHWESTER#3
schon gut
SCHWESTER#4
jetzt lass sie doch
das intressiert
SCHWESTER#3
sie hat zum Reden viele Jahr noch Zeit
und du zum Fragen
fünf nein sieben
wie viel
SCHWESTER#2
obst politisch bist
DIE JUNGE
ich kann nur immer wieder sagen

SCHWESTER#2

danke hab genug gehört
würd ich jetzt sagen
wenn ich Richter wär
dass sie politisch ist

SCHWESTER#3

du bist zum Glück ein Richter nicht

SCHWESTER#2

ja schad
ich hätt mich selber freigesprochen

SCHWESTER#1

ich mich auch
ich mich
du dich
und jede sich

SCHWESTER#2

das war das Pech von uns
dass wir nicht Richter waren
sind
und dass man leider immer auf der falschen Seite steht
verflixt
ein Pech
nicht wahr
und dann auf einmal plötzlich sitzt
egal
kraft meines Amts

SCHWESTER#3

du hast hier keins

SCHWESTER#2

geb ich mein Urteil kund

SCHWESTER#3

es wird verdammt hier drin geurteilt nicht
sind *nach* dem Richtspruch schon
falls du's vergessen hast
verurteilt alle
Angeklagte nicht

SCHWESTER#2

dass du auch jeden Spaß verderben musst Frau Doktor
du mit deiner Gscheitheit
Neuzugang damit du's weißt
es sind hier drinnen zwei genau wie du politisch nicht
nein wirklich nicht
die Dritte hielt ein Messer zum Verderben eines andren
äußerst ungeschickt
und dann die Vierte
nein das sag ich nicht

DIE JUNGE

dann ging die Türe auf
und zum Rapport
es heißt
sind alle angezogen und gewaschen schon
der Herr Direktor kommt
ist schon am Gang
falls es Beschwerden gibt
und auch den Neuzugang sich anzuschaun
ob sie sich eingefunden eingepasst
ein Mann mit Gottesfurcht
Frau Wachmann sagt
ist das
fängt jeder Tag von ihm mit einem Messgang an

drum schau zu Boden Neue züchtig Demut schadet nicht⌟
und wähl die Worte mit Bedacht

SCHWESTER#4
»verlern das Denken

SCHWESTER#3
mache stets ein Schafsgesicht

SCHWESTER#4
lass dich von jedem Ochsen lenken

SCHWESTER#3
stößt er dich dann mucks dich nicht«

SCHWESTER#1
jetzt schau mich Frau schon an

DIE JUNGE
sie sagt
steht da vor mir und sagt

SCHWESTER#1
mich kannst schon schau gefälligst schau mich an

DIE JUNGE
und fasst mich
an der Schulter an dem Arm
schau hoch
den Blick vom Boden aufgehoben ich
und da stand sie vor mir
sie

SCHWESTER#1
unsere Frau Wachmann

SCHWESTER#3
unsere Frau Oberwachmeisterin

SCHWESTER#4
unser guter Engel von der Anstalt

werden wir sagen
der gute Engel
SCHWESTER#2
und vergessen sie nicht
DIE JUNGE
und werde geschrieben haben in mein Heft
in zwanzig Jahrn
unser herzensguter Engel von der Anstalt
unsere liebe Frau
unsere geliebte Wachfrau Oberwachfraumeisterin
die von uns allen von Herzen geschätzte
Schlüsselschließermeisterin
mit Vornamen Nachnamen unvergessen von uns ewiglich
SCHWESTER#3
und eintritt der Direktor in die Zelle
SCHWESTER#2
und auseinander wir treten
SCHWESTER#1
und zurück
SCHWESTER#4
treten sie zurück
er sagt
SCHWESTER#2
der Mann mit Gottesfurcht
SCHWESTER#1
zurückgetreten
Sie
zurück sofort und allesamt drei Schritte hin zur Wand
und stehen bleiben rühren nicht
SCHWESTER#3
und auf die Frage ob Beschwerden

SCHWESTER#1
nein Herr nein
SCHWESTER#2
es wird das Essen täglich höchstpersönlich
just bevor's die Küche raus verlässt geprüft von ihm
SCHWESTER#3
ich find dran nichts was Grund was Anlass von
Beschwerde wär ⌟
SCHWESTER#2
ich koste täglich finde nichts
SCHWESTER#4
und auf die Frage wer die Neue
SCHWESTER#3
rein rhetorisch nur gefragt
SCHWESTER#4
dass sie sich zeige zu erkennen gebe
sich bekenne
wie's dem Wissen
seinem gottgefälligst allumfassend voll und ganz
entspricht ⌟
SCHWESTER#2
und treten vor Sie
SCHWESTER#1
einen Schritt nur
SCHWESTER#4
reicht schon reicht
SCHWESTER#1
den Namen nennen
SCHWESTER#2
vollen
ganzen Namen

DIE JUNGE
ich
die Neue
Herr Direktor
Anstaltsleiter
Oberst
ich
zu Boden schau ich
nicht
an ihm vorbei
und an die Wand
hindurch
hinaus
wenn's nur ein Fenster gäb
stell einen Baum mir vor
SCHWESTER#1
sie wird
SCHWESTER#4
er sagt
SCHWESTER#1
nur dass sie's weiß
zur Arbeit rangezogen
SCHWESTER#3
dienlich sei's der Besserung
SCHWESTER#2
zu nähen stricken
SCHWESTER#1
selbstverständlichst auch als Fraunsperson
zur Hausarbeit
SCHWESTER#3
wenn sie sich wohl benimmt

SCHWESTER#4
auf der Plantage Äpfel pflückt
SCHWESTER#1
und vierteljährlich wie's die Strafe
SCHWESTER#2
ihre
SCHWESTER#1
vorsieht noch verschärfend
hartes Lager
SCHWESTER#3
nütz zur Buße sie
die Dunkelheit
die sich hinzugesellt am Jahrestag
SCHWESTER#2
von ihrer Tat
zur Reue zur Erforschung des Gewissens
SCHWESTER#3
hin zum guten Menschen hofft er
hat sie viele Jahre Zeit
SCHWESTER#1
sie soll was machen draus
das heißt aus sich
SCHWESTER#3
und auf die Frage ob sie weiß
verstanden ihr erinnerlich der Grund
SCHWESTER#2
sie schweigt
SCHWESTER#3
die Tat
DIE JUNGE
wer »A« sagt muss auch »B«

der muss auch B muss der
so war das immer schon
das war schon immer so dass B
nach A kommt B
schon immer B
solang er denken kann
der Mensch
solang der Mensch die Menschheit denken kann
kommt A
dann B
und wird auch immer sein
genau so ganz genau so immer sein
Gesetz!
erst wenn der Mensch die Menschheit nimmer ist
kommt so ein B nicht mehr
vielleicht
nach A
wenn nimmer ist
der Mensch
die Menschheit
dann
vielleicht
das weiß man nicht
solang der Mensch jedoch
die Menschheit
ist
so lang
muss der der A
muss der
auch B
wie Baum

das B
wie Baum
hab A gesagt
dann B
ein Baum geworden draus
IHN an den Baum gestellt
so war das immer schon
Gesetz
der Volksmund sagt's
ich sag's nur nach

6

DIE MITTLERE
nein schlaf
DIE ALTE
wir nähen stricken Äpfel pflücken
DIE MITTLERE
schlaf
ich komm ein andermal
DIE ALTE
ich schlaf doch nicht
DIE MITTLERE
ich hab's gesehn
natürlich schläfst
DIE ALTE
man muss mit zugemachten Augen schlafen nicht
ich lieg die halbe Nacht mit Augen zu
ganz ohne dass ich schlafen tu

DIE MITTLERE
aha
DIE ALTE
nur siehst du's nicht
das Wachsein hinter meinen Augen
mach ich ganz geheim wach ich
DIE MITTLERE
die Schwester sagt
DIE ALTE
man kann hier schlafen nicht
wie soll das gehn
in der Gesellschaft hier
die eine röchelt eine weint
die dritte jede halbe Stunde geht aufs Klo
mit diesem Gehgestell
man müsst erschlagen sie damit dass einmal Ruhe wär
DIE MITTLERE
jetzt sei schon Mutter still
du sprichst so laut
DIE ALTE
die hört dich nicht
nicht wahr
Sie hörn mich nicht
nicht wahr ja Sie
da siehst
DIE MITTLERE
ich hab der Schwester deine Pulver mitgebracht
zum Schlafen
DIE ALTE
die
die helfen nichts

DIE MITTLERE

natürlich helfen die
ich hab's ja selbst gesehn
wiest auf der Erde glegen bist
ich hab geglaubt es war ein Schlag
was hast denn aufgeführt mit deinen Fäden
in dem Zimmer rumgeräumt vom Kasten raus
das alte Strickzeug auf der Garderobe aufgehängt
die Schürze irgendwo im Zimmer
auf der Erd
beim Ausziehn eingeschlafen offenbar
und ob die helfen deine Pulver
schau nicht so
du nimmst sie nur zur falschen Zeit
ich hab schon tausendmal gesagt
im Bett verdammt und vorher nicht

DIE ALTE

du freches Rotzmensch du
wie du mit deiner Mutter sprichst
das ist ein Glück dass keine von den Weibern hier dich
hören kann ⌟
das nützt du aus
da traust du dich
geh weg
ich red nix mehr mit dir
ich schlaf
und dass du's weißt
ich sterb hier drinnen nicht

DIE MITTLERE

vom Sterben hab ich nix gesagt
um deine Pulver ging's
dann gute Nacht

DIE ALTE
im Kasten in der Kiste ist ein Zettel mit den Namen
wenn ich nicht mehr bin
wen ich zur Leiche haben will
da kannst mal schaun
mein Grab im Voraus schon bezahlt
auf dreißig Jahr
zur Mutter will ich legen mich

DIE MITTLERE
Entschuldigung
was heißt zur Mutter willst du legen dich

DIE ALTE
zur Mutter
meiner
ein Familiengrab das ist

DIE MITTLERE
und Vater

DIE ALTE
ja, was ist mit dem

DIE MITTLERE
das frag ich dich

DIE ALTE
das weiß ich nicht

DIE MITTLERE
ich hab gedacht du wirst bestimmt bei Vater liegen
in dem Grab
das wär so würd man meinen recht normal
dass eine Frau zum Ehemann sich legt

DIE ALTE
der ist dort nicht
nach 40 Jahrn

hat ihn die Erde weggemacht schon längst
bestimmt

DIE MITTLERE

und deine Mutter nicht?

DIE ALTE

das ist ihm ganz egal
der wird auf mich gewartet haben
dass ich komm
das hilft ihm sicher nichts
zur Mutter will ich rein
hab ich gesagt
das wird man selber wohl bestimmen dürfen
wo man liegt
ich sterb hier drinnen nicht

DIE MITTLERE

gut Nacht
dann sagst halt nichts
auf Wiedersehn die Damen
Mutti eines noch
ich denk mir bloß
weil du ja selber grad vom Sterben sprachst
falls es noch Dinge gibt in deinem Leben
weiß ja nicht
mit denen du
wie soll man sagen
nicht im Reinen bist
könntst ja die Zeit hier drinnen nützen
die zu klärn
mit dir
vielleicht
bevor das Sterben kommt

DIE ALTE
ich wüsst nicht was
und hab zum Klären nichts
ich will nachhaus
DIE MITTLERE
es gibt bestimmt auch einen Pfarrer hier
nur für den Fall
DIE ALTE
das wär ja noch viel schöner
einen Pfarrer wünscht sie mir
was mach ich denn mit dem
bin seit der Hochzeit ohne einen solchen ausgekommen
nur Geduld
der sieht mich früh genug
was halt auf Gegenseitigkeit nur leider nicht beruht
wenn ich gestorben bin
dann bin ich tot
und sieht der Pfarrer mich
und ich
ich seh ihn leider nicht
gut Nacht
oje schon weg
jetzt ist die Tochter einfach grußlos weg

7

DIE MITTLERE
wo ist mein Bruder Mutter
wo
muss ich alleine alles tun

gibt's keinen der so ist wie ich
vom gleichen Stamm gefallen keiner
Fallobst bin ich
ganz allein
die Gleichheit vorenthalten mir
ob Bruder Schwester gleicher Mensch
der Kindschaft teilt mit mir
wiegt Mutter schwer genug
für zwei nein drei von mir aus vier
wie's dazu kam frag ich kannst du's mir sagen
Mutter ⌟
hat sich Vater einmal nur mit dir vergnügt
ein einzges Mal die fade Pflicht getan erfüllt
mit einer Handschlagqualität
für die man ihn geschätzt im Dorf
mit einem Feuer nicht
schlief nach dem ersten einzgen Beischlaf immer
mit dem Schwanz zur Wand ⌟
es tut mir leid ich intressier mich halt
hast mich ihm abgepresst
herausgewürgt aus ihm war ich der letzte
Lebensrest ⌟
bevor's aus ihm für ewiglich entwichen ist
verschieden ⌟
warst sein Aderlass
an dir verblutet Mutter
schnell
in sieben Jahrn geöffnet ihn
im Ehebett
floss er dahin
vielleicht ach Mutter ist er einfach bloß erfrorn

ganz still und heimlich unbemerkt
man sagt es wird dem Kälteopfer
kurz vorm Sterben wohlig warm
so muss es wohl gewesen sein
hat's für die Liebe er gehalten
war's der Tod
jedoch
im Eis
dass so ein Sterbenshandwerk Mutter seltsam
immer schneller als das Leben ist
für mehr von mir
von meinem Schlag
für zwei für drei von mir aus vier
ob Bruder Schwester
keine Zeit
geblieben ihm
der Tod ein schneller Läufer ist
kommt man am Ende an
ist er längst da
den Krieg mit einem Hinken in der Hüfte Vater
das den Regen kommen spürt mit wenig Worten
überlebt
und dann im Bett bei dir den Tod gefunden Mutter
Ironie
wenn's nicht so traurig wär
den Schützengraben lebenslänglich nie verlassen
nur getauscht
statt Erde Regen Dreck ein kaltes Federbett
und drinnen du
paar Jahre später in der Grube
wieder

endlich
ewge Ruh
schoss auf ihn keiner mehr
nein Mutter
auch nicht du
die Tochter hat mich heimgebracht
bleibst du noch Ulli da?
hab dir das Bett bezogen neu
wir könnten morgen essen gehn
zum Beispiel
kann auch kochen was
dann musst du selber nicht
sie sagt
ich muss
sie muss
dann schönen Abend noch
pass auf beim Autofahrn
und danke
meld mich Montag
wenn's was Neues gibt
dann sitz allein ich in der Küche rum
geh kurz zum Telefon und schau es an
weiß nicht warum
und sitz alleine in der Küche saß ich rum

8

SCHWESTER#1

dann sagt die Frau im Zeugenstand man saß nur in der Küche saß man rum paar Fraun die Angeklagte auch und sprach erinnerlich ihr nicht der Inhalt des Gesprächs vermutlich was ein Frauenvolk zu sprechen pflegt beim Sitzen in der Küche von Belang nein nicht Alltäglichkeiten glaublich mehr schon nicht die Wetterlage Frühling war's April wenn man erinnert recht vielleicht des Wetters Wechsellaunigkeit der Jahreszeit entsprechend sagt die Zeugin nicht von Krieg noch Politik gewiss

SCHWESTER#4

sie stockt sie blickt zur andern Frau der Angeklagten trifft sie nicht ihr Blick die grad zur Seite schaut sehn wir von hinten schräg nach links den Kopf gedreht sehn nur die Richtung das Objekt des Blickes nicht

SCHWESTER#2

und denken ob sie weint ein Fenster sucht und in die Ferne schweift

SCHWESTER#4

mit einer Stoik bloß sie blickt

SCHWESTER#3

das Hörn sich abgestellt vielleicht

SCHWESTER#2

vom Zimmer nebenan die Frau fährt fort im Zeugenstand war hörbar

SCHWESTER#1

kurz pausiert verstummt ein Zufall in der Küche das Gespräch und plötzlich still sie sagt sprach keine mehr

SCHWESTER#3

und hörte in der Ruhe durch die Ruhe aus ihr raus vom Nebenraum in dem das Postamt war

SCHWESTER#4

ganz ohne Vorsatz konnt man hörn

SCHWESTER#1

weil in der Küche Zufall grad erstorben war

SCHWESTER#4
fernmündlich was er sagt
SCHWESTER#2
der Mann
SCHWESTER#3
Soldat
SCHWESTER#4
am Telefon
SCHWESTER#2
gesehn ihn nicht
SCHWESTER#3
vom Hörensagen nur gewusst
SCHWESTER#1
was heißt gewusst
SCHWESTER#3
erfahrn erschlossen
SCHWESTER#1
hinterher
SCHWESTER#4
beim Hintereingang reingekommen an der Küche nicht vorbei ins Postamt in das Zimmer nebenan
SCHWESTER#2
nur seine Stimme hörten wir bekamen ihn leibhaftig zu Gesicht den Mann
SCHWESTER#3
Soldaten
SCHWESTER#2
niemals nicht
SCHWESTER#1
nur stimmlich sagt sie mündlich nie von Angesicht zu

SCHWESTER#4

das Gesicht höchstselbst am Foto vorhin erstmals dem des Vaters sie gesehn und vorher leiblich lebend leider nicht

SCHWESTER#3

ein gänzlich Unbekannter war für sie und in die Stille rein dann spricht am Fernsprechapparat am Telefon man muss es sagen ziemlich laut

SCHWESTER#2

ein bisschen ungezwungen ungeschickt falls ihr erlaubt zu sagen meinen

SCHWESTER#4

ist es nicht der Richter sagt es ist die Wahrheit von Belang hier nur und bloßes Meinen nicht und ob den Zeugeneid verstanden sie man kann ihn gern ihr wiederholen wahr zu sprechen schwor sie und zu meinen nicht es bildet das Gericht im Anschluss seine Meinung die von Recht und Würden her ein Wahrspruch ist

SCHWESTER#3

und ob sie fortfährt nun zu sagen was der Gegenstand von dem Gespräch den sie vernommen hat am Küchentisch aus einem Zufall raus den man gewöhnlich Neugier nennt

SCHWESTER#1

Herr Richter nein es hat das Postamt keine Zelle für den Fernsprechapparat die das Gesagte schluckt

SCHWESTER#3

das ist bekannt und hat man der Notiz entnommen des Gendarmen der den Tatort aufgetragen vom Gericht in Augenschein genommen

SCHWESTER#2

tut zur Sache nichts

SCHWESTER#4

es fällt nur schwer zu glauben meint der Richter dass im Jahre 45 im April just eine Woche nach dem Fall von Wien nachdem die Hauptstadt hier die weiße Fahne hat gehisst im Bild gesprochen eine Woche also vor des Führers feigem Selbstmord in Berlin das eine weitre Woche wiederum darauf bedingungslos die Waffen aller Deutschen per Dekret Vertrag in einer Kapitulation zum Schweigen bringt der Krieg dann aus und sitzen Fraun zwei Wochen vorher in der Küche rum vom Wetter solln die nur geredet haben im April wie da ein Mann der offensichtlich als Soldat erkenntlich war in so ein Postamt geht zu nützen dort das Telefon dass dies das Interesse jener Fraun geweckt nicht hat im Nebenraum dass man nicht Neuigkeiten von der Front zu hören hoffte lauschend dass man nur vom Frühling sprach war Wien doch eine Woche schon gefalln war's nur aus Zufall in der Küche bei den Fraunpersonen plötzlich still

SCHWESTER#1

das fällt uns zugegeben wirklich schwer zu glauben sagt er

SCHWESTER#4

wirklich schwer

SCHWESTER#1

mit diesem Uns ist jeder hier im Saal gemeint

SCHWESTER#4

sie blickt sich um im Publikum

SCHWESTER#3

die Zeugin weint vielleicht ein bisschen sehn wir nicht und sagt

SCHWESTER#2

man kann doch nicht vom Krieg die ganze Zeit nur reden Himmel Herrgott hab den Mann am Foto nie gesehn ist durchaus möglich dass die Angeklagte in die Küche kam und dann erwähnt dass einem Mann der ein Soldat soeben die Verbindung hergestellt sie kann schon sein ich kann mich nicht erinnern mehr hab diesen Mann ich schwör's getroffen und gesehen nie ihn nur gehört nur kurz paar Worte dass er abhaun könnt vielleicht auch wollt das weiß ich nicht ich saß nur dort in einer fremden Küche fremdes Haus aus Wien sind wir geflohn die Tochter ich vor Fliegerbomben warn dort nur zu Gast

SCHWESTER#3

dann schweigt sie lang

SCHWESTER#1

blickt an die Decke hoch vom Saal und dann hinab zu Boden

SCHWESTER#4

holt tief Luft

SCHWESTER#2

könnt sein

SCHWESTER#1

sie sagt

SCHWESTER#2

mir fällt grad ein es ist mir noch erinnerlich wie der Soldat zu End gesprochen hat bevor verlassen er das Haus das Amt dann durch die Hintertür hat er nach ihr gerufen nach der Angeklagten an die Küchentür geklopft dass er jetzt fertig ist und sie dann aufgestanden von dem Tisch und aus der Küche zu ihm rein ins Amt das Zimmer zum Kassiern ich glaub und wie sie rauskommt wieder war die Angeklagte sichtlich aufgebracht

SCHWESTER#1

sie selber ging ins Bett hernach

SCHWESTER#3

die Zeugin

SCHWESTER#1

weiß sonst nichts

SCHWESTER#2

nur dass die Angeklagte aufgebracht

SCHWESTER#1

als sie die Zeugin aus der Küche rausgehn wollt
ins Bett hat sie gesagt

SCHWESTER#2

die Angeklagte

SCHWESTER#4

blöder Kerl

SCHWESTER#2

sichtlich aufgebracht um nicht zu sagen höchst erregt

SCHWESTER#4

der blöde Kerl der

SCHWESTER#3

möcht nur noch sagen sie die Zeugin niemals war sie Mitglied der Partei noch hat sie angestrebt ein solches je zu werden

SCHWESTER#1

niemals nicht

SCHWESTER#4

im Saal schon wieder zuckt das Licht

SCHWESTER#2

dann geht es aus

SCHWESTER#3

des Richters Stimme

SCHWESTER#1

Ruhe

SCHWESTER#2

Ruhe

SCHWESTER#3

unterbricht

SCHWESTER#4

die Sitzung

SCHWESTER#3

Mittag

SCHWESTER#4

tagt in einer Stunde wieder

SCHWESTER#3

Mahlzeit

SCHWESTER#4

das Gericht

9

DIE ALTE

dann in der Einzelzelle abgeführt allein zog ich mein Dirndl aus und hängte übern Stuhl feinsäuberlichst das Kleid und ging aufs Klo am Tisch das Essen stand der Fraß ich schaute den nicht an stand in der Zelle wartend rum ich dachte legst dich besser nicht aufs Bett die Pritsche schläfst noch ein die ganze Nacht kein Auge zugemacht aus Angst die Wanzen könnten fressen mich zerbeißen mein Gesicht stünd ganz verschwollen um die

Augen dann ich vor Gericht würd jeder glauben dass vom Heuln die Augen nur mehr Schlitze sind das kommt in Frage sicher nicht das wär ja noch viel schöner dass was dieses Drecksgeziefer angetan mir über Nacht vom Volk als Schuldgeständnis ausgelegt mir nein tust den Gefallen Mädel denen nicht

DIE JUNGE

die Mutter heimgefahrn vom Krankenhaus im Wagen saß sie sagt sie schaut beim Fenster raus wenn die zum Pflegen Ulli wird das kann ich nicht da rächt sich leider jetzt dass man ein Einzelkind da muss man alles ganz allein ich hab als Kind mich immer wundern müssen wie das kommt dass meine Mutter zwanzig Jahre älter ist als jede andre Mutter die ich kenn das hat mir keiner sagen können wollen muss man sagen wirklich hässlich das wenn jeder weiß du selbst bloß nicht was deine Mutter ist im ganzen Dorf ein jeder wusst es und ich Tochter nicht hab Vater mal gefragt danach er hat gesagt die Mutter hat es schwer gehabt das hat er immer wieder immer das und mehr schon nicht hör jetzt zum Fragen auf und freu dich dass gefunden hat die Mutter mich sonst gäb's dich Ingrid nämlich nicht

DIE ALTE

dann ging das Gukerl auf das Loch zum Schauen durch die Zellentür stand schon bereit im Dirndl an die Wand ans andre End mich hingestellt dass man mich sehen kann durchs Loch wenn man mich holen kommt die ganze Zeit hab ich gezählt Minuten alle die die Stunde hat durchs Loch dann heißt's es ist so weit den ganzen Weg zurück zum Saal begleitet von zwei aufgeblasnen Buben keine zwanzig Jahre alt die Fratzen wurd mir plötzlich schwarz vor Augen fast gefallen bin ich hin am Gang das blöde Schwein sagt schau ist die Nazisse umgeknickt ohje ohje und half mir keiner auf

DIE JUNGE

der zweite Schlüssel lag am Fensterbrett beim Blumenbeet schloss auf ging rein vorbei an Garderobe Küche in ihr Zimmer mit dem großen Bett dem Bild darüber Vater Mutter Jesuskind die Männer bei der Arbeit hab ich immer angeschaut beim Schlafen in dem Bett vom Polster aus verkehrt herum am Kopf wenn Mutti ausgegangen über Nacht und tanzen neue Männer angelt sich es geht vermutlich wieder keiner in ihr Netz hat sie gesagt vom Lehnstuhl aus die falschen Zähne rausgenommen komm doch Oma auch ich schlaf im Sitzen Kind zum Schlafen braucht der Mensch kein Bett kann schlafen immer überall man muss nur wolln und auf den Knien vorm Kasten hinten unten in der Truhe unter Strickzeug Wolle Garn und langen Nadeln fand das Heft warf keinen Blick hinein im Zimmer kaum mehr Licht und steckt es ein und nahm es mit die Nachricht kam ich saß im Auto schon am Rückweg dass er in der Stadt und ob ich Zeit

DIE ALTE

den Saal betreten mit den blöden Buben links und rechts auf einmal alles strahlt im Saal die Diener Kerzen in der Pause reingebracht weil die Elektrik nicht verlässlich ist das warn ja Zeiten damals außerdem vor allem weil der werte Richter dünne Nerven hat was für ein Fest hab ich gedacht wenn's nur ein Fest halt wär die ganze Pracht für dieses Saugericht ist wirklich schade drum dann seh ich Mutter hinten in den Reihen die sich grade setzt steht wieder auf und schaut mich an im Stehn allein den ganzen Saal hinweg schau ich zurück sie schaut wie immer aus so schön ein Jahr in Untersuchungshaft sie nicht gesehn was das für eine Freude war dass Mutter kommen ist den ganzen weiten Weg für mich und nur für mich und steht und schaut und ich im Kerzenlicht sah ob sie lächelt leider nicht dann ging die Türe auf hereingeschritten das Gericht der Richter dieser Volljud und sein Staatsanwalt ein Doppelvolljud wie mein Anwalt mir gesagt und aufstehn muss das Publikum zum Gruß erheben sich und seh auf einmal Mutter seh ich nicht verschwunden hinter tausend Leuten war sie plötzlich weg da wurd mir wirklich schon auch geb ich zu mal bang ums Herz

DIE JUNGE

was ist denn Mutti

DIE MITTLERE

nichts
ich ruf nur an weil
bist du gut nachhaus gekommen
wollt ich fragen
stör ich?

DIE JUNGE

nein ich
ja
bin gut bei mir zuhause angekommen

DIE MITTLERE

schön
dann is ja gut

DIE JUNGE

gibt's sonst noch was?
ich hab gedacht du rufst mich an wenn's Neuigkeiten gibt

drum hab ich mich jetzt fast geschreckt
is was passiert?

DIE MITTLERE

nein nein das musst du nicht
zum Wochenende tut sich ja im Krankenhaus
normalerweise
nichts

DIE JUNGE

genau normalerweise
eben
könnt ja auch ein Notfall sein

DIE MITTLERE

nein ist es nicht
das tut mir leid dass du erschrocken bist Ulrike
ruf nur an obst gut nachhaus gekommen bist
mehr wollt ich gar nicht wissen
Tschuldigung
dann ruf ich dich am Montag wieder an
wenn vorher nichts passiert
so war's auch ausgemacht
hab nur gedacht ich frag schnell nach
naja
was machst denn noch?

DIE JUNGE

ich weiß noch nicht
im Augenblick
ich les
und du?

DIE MITTLERE

ach nichts
ich schau noch bisschen fern bis dass ich schlafen kann

das war ein Tag
das muss man wirklich sagen
muss ich noch verdaun
mir war schon klar dass früher oder später sowas mal
passiert ⌟
nur wenn's dann wirklich eintritt ist's halt doch ein
Schock ⌟

DIE JUNGE

sie ist ja nicht gestorben Mutti

DIE MITTLERE

nein das ist sie nicht
das stimmt
so war's auch nicht gemeint
man macht sich Sorgen halt wie das jetzt weitergeht
vielleicht ⌟
das weiß ich schon dass dich das nicht betrifft
du wirst vermutlich nicht nachhause ziehn
und mit der Arbeit aufhörn
weil die Oma wen zum Füttern braucht
das wirst du Ulli nicht

DIE JUNGE

da hast du recht

DIE MITTLERE

na siehst
drum sorg ich mich
und du dich nicht
es gibt noch Schlimmres als das Sterben einer ururalten
Frau ⌟
naja
egal
dann schaun wir Montag mal

nicht wahr
weißt was ich glaub ich nehm noch schnell ein Bad
genau
das ist ein guter Plan
das mach ich jetzt
dann lies noch schön und danke nochmal Ulli gute Nacht ⌟

DIE JUNGE

ja gute Nacht
fass das nicht an kam aus der Dusche tropfend nass ich riech nach Krankenhaus hab ich gesagt ich weiß nicht was das ist an mir drauf er ich riech da nichts ich riech nur dich dann is ja gut dann ist's in meiner Nase nur was weiß denn ich ich geh noch schnell ich wasch das ab auch wenn's nicht da ist wie ich rauskam lag der da ich tropfend nass und blättert in dem Heft leg's weg verdammt fass das nicht an und auf die Frage was das ist das ist ein Erbstück leg es weg steht mein Geheimnis drin wenn du das liest dann weißt du alles muss ich leider töten dich so war das immer schon Gesetz weil eine Königstochter bin ich grausamen Geschlechts da schaut er jetzt nein nein du musst dich fürchten nicht ich schlag ein bisschen offensichtlich aus der Art was mich von meinen Ahnfraun unterscheidet hast du Glück das ist ich glaub ein Sprung ein Riss ein Schaden in der Leitung viel darüber nachgedacht warum der Mensch was tut und meistens aber nicht er ging dann auch mal duschen sich mich in das Handtuch eingedreht saß ich am Bett und dachte nach das Wasser lief ob's sein kann dass die These falsch wonach was unterm Namen Wahrheit früher mal firmiert schon seit sehr lange tot aus gutem postmodernen

Grund es ist ein Mann getötet worden denk ich und die Wahrheit nicht nein ganz im Gegenteil beim Lesen grad davor mich völlig anti-post-blabla das geb ich zu nicht ohne Schreck ertappt bei einer strengen Wahrheitssuche in dem Heft wie kann das soll mir einer mal erklärn ein Hergang relativ und perspektivisch poly-kontext-irgendwas und das Ergebnis plötzlich nicht weil ist das Sterben absolut und also auch der Weg dorthin das heißt die Tat dann ging das Wasser in der Dusche hört ich aus ich griff das Telefon und hab gedacht was mich von Oma trennt kann nicht der Tod der Wahrheit sein der irgendwann in diesen 60 Jahrn Epoche die uns trennt geschehn angeblich muss wie's scheint vielmehr ein Scheintod kann das nur gewesen sein der Postmoderne widersprechen muss ich sitzend eingewickelt in ein Handtuch hier im Bett dann stand er da kam aus dem Bad schoss ich ein Foto von ihm nackt und speichert's bei den andern ab

10

DIE ALTE

ich macht die Augen auf wusst nicht wie spät es war
vermutlich tiefe Nacht
man hatte keine Uhr
die wurde abgenommen bei Betreten
mit den andern Dingen von der Anstalt aufbewahrt
in einer Kiste
war nicht viel
ich weiß es heut noch ganz genau
ein Rucksack

Beutel
Manikürzeug drin
dann eine Dose noch aus Blech für Proviant
das Täschchen mit dem Geld
die Kleiderkarte zwanzig Punkte drauf
normale Armbanduhr
und schließlich noch die Kleider auf dem Leib
mehr hat man nicht gehabt
so wurd ich auf der Straße aufgegriffen
von sich selbst ernannten Polizisten
fadenscheinig ihre Gründe
wie mein altes Dirndlkleid
die Zeit bei Tag jahrein jahraus von Arbeit Fressen
Zelle schließen ganz genau bestimmt
dann kam die Nacht die keine Stunde kennt
nur dunkle Zeit ohn End
wie's scheint
wenn eine Uhr man hätt
hab ich gedacht in dieser Nacht
so finster dass man sieht die Hand vor Augen nicht
vier Weiber holen schlafend Luft
dann spür ich einen fremden Atem merk ich plötzlich
ganz am Ohr

SCHWESTER#2
ich kann nicht schlafen du
wenn ich nur kurz ein bisschen
schlief viel schneller ein

DIE JUNGE
sei ruhig
du weckst noch alle auf
braucht jede ihren Schlaf

weil's morgen zu den Bäumen geht
geh weg

SCHWESTER#2
ich bin schon still
leg nur den Kopf hier hin

DIE JUNGE
da ist kein Platz

SCHWESTER#2
dann mach
mach Platz
ein wenig

DIE JUNGE
ruhig
nur für den Kopf
der Rest bleibt weg

SCHWESTER#2
und für die Hand
hast mir so leidgetan
wie du aus deiner Dunkelhaft gekommen
kaum mehr gehn hast können
hartes Lager
Wasser Brot und ohne Licht

DIE JUNGE
das Zähnereißen war viel schlimmer
bei dem Fleischer
der so tut als ob er Zahnarzt wär
den müsst man in die Zelle werfen

SCHWESTER#2
und den Koch

DIE JUNGE
den auch
hast recht

SCHWESTER#2
mir fielen noch paar andre ein
nicht lachen
für das Loch

DIE JUNGE
mir auch
und still jetzt
bin schon wieder eingeschlafen

11

DIE ALTE
Hilfe
Schwester Hilf
zu Hilf

SCHWESTER#1
wir flicken stricken Äpfel pflücken

DIE ALTE
Hilfe
hört mich keiner

SCHWESTER#4
schön die Haare kämmen
waschen gründlichst das Gesicht

SCHWESTER#3
dass mir da keine abgeschmiert
und schlechten Eindruck macht
wenn von den Menschen aus dem Volk
gesehn sie wird

SCHWESTER#4
die Wachfrau sagt

SCHWESTER#1
heut geht's zur Erntehilfe zu den Bäumen geht es raus
im Kastenwagen
auf das Feld
SCHWESTER#4
den Blick gesenkt
SCHWESTER#1
wir grüßen nicht
von uns aus
geht ein Mensch vorbei
wir grüßen höchstens nur zurück
SCHWESTER#4
das geht auch ohne Worte
senkt man grüßend einfach nur den Blick
hebt dabei schleunigst einen Apfel auf
SCHWESTER#1
nicht trödeln träumen
SCHWESTER#3
dass mir keine eine Schande macht
sagt unsre liebe Frau
SCHWESTER#1
die Schlüsselobermeisterin
die liebe
SCHWESTER#3
auch dem Herrn Direktor nicht
SCHWESTER#1
der wünscht sich Fleiß und Zucht
und eine Demut auf dem Feld
SCHWESTER#3
es wird gesprochen nicht
SCHWESTER#4
geübt stattdessen Nützlichkeit

SCHWESTER#1
in freier Luft
SCHWESTER#3
und Fraun
SCHWESTER#1
sie sagt
SCHWESTER#3
es sind die Äpfel
alle ohne Ausnahm
sind zum Essen nicht
SCHWESTER#1
wenn ich nur eine beißen seh
SCHWESTER#4
mir sind die Äpfel ganz egal
ich such mir nur den schönsten Baum
gewachsen kräftig
Äste Arme
wie ein Mann
SCHWESTER#1
du spinnst ja wohl
SCHWESTER#4
jetzt lass mich träumen halt
SCHWESTER#3
sind alle wach und säuberlichst und kultiviert
DIE ALTE
ich hab kein Auge Schwester zugemacht
kam eine fremde Frau
die wollt ins Bett zu mir heut Nacht
SCHWESTER#3
ohje
wie geht's uns heute denn?

DIE ALTE

wie soll's mir gehn
nach Hilfe hab gerufen
kam jedoch nur nicht
die halbe Nacht
mit einer Fremden mir das Lager musst ich teiln

SCHWESTER#1

da hat vielleicht am Weg vom Klo zurück sich wer im Bett geirrt ⌟

SCHWESTER#2

wer soll das denn gewesen sein?

SCHWESTER#1

das weiß ich nicht

SCHWESTER#3

Besuch

DIE ALTE

ja du schon wieder
schau dich an
was machst denn du?
kann ich nachhaus?

DIE JUNGE

ich hab gedacht du magst vielleicht ein bisschen raus spaziern
weil heute Sonntag ist

DIE ALTE

ja schau
ich kann hier nicht mehr bleiben Ulli
fürchterlich
hier hat sein Bett man nicht für sich allein
was das für Zuständ sind
drum heißt das Krankenhaus

auf Wiederschaun die Damen
ich geh raus

DIE JUNGE
ich hab dein Heft gelesen

DIE ALTE
was Ulrike sagst?

DIE JUNGE
dein Heft das aus der Kiste
hab's gelesen

DIE ALTE
ach
ach so
das Heft genau
das hab ich dir gesagt
dass in der Truhe ist ein Heft
das hab ich aufgeschrieben damals
nachher
drinnen warn Papier und Bleistift streng verboten gab
es nicht ⌟
hab ich ein Heft geschrieben irgendwann
noch nicht gewusst dass es die Ulli geben wird
hab's für die ungeborne Zukunft
unbekannterweise aufgeschrieben
kann man sagen
fast für dich und doch auch nicht

DIE JUNGE
hast's für die Mutti aufgeschrieben

DIE ALTE
nein
die gab's da auch noch nicht
wo denkst du hin

da hast du's jetzt gelesen
fleißig bist du
gut
dann hat's ja seinen Zweck erfüllt
da hab ich grad den Opa glaub ich kurz gekannt
am Fest beim Tanz hat er betrachtet mich
der ist nur dort gesessen
jämmerlich
weil mit der Hüfte tanzt man nicht
und ich geflogen auf dem Bretterboden auf dem Fest
so eine Pracht
ein Fest am See
gab's nicht mehr lang
den See
das Wasser ausgelassen
aus dem Löschteich raus
das Fest dann aus

DIE JUNGE

wie war das denn?

DIE ALTE

ja wunderschön
mit Kerzen Fackeln
Ungeziefer gab's halt leider auch
am Wasser das Gesicht von manchem schönen Mädel
ganz zerstochen und verschwolln
ein Glück
das Ungeziefer mag mich nicht

DIE JUNGE

ich mein die Sache
der Soldat

DIE ALTE
ach das
das weißt du alles schon
das steht im Heft
DIE JUNGE
das hab ich vorher schon gewusst
DIE ALTE
schau schau
DIE JUNGE
das hat die Mutti mir gesagt
DIE ALTE
das hat die Ingrid dir
DIE JUNGE
ja wie ich 18 worden bin
DIE ALTE
die Ingrid kennt das Heft nur nicht
DIE JUNGE
will's von dir selber hörn
wie war das denn?
DIE ALTE
war was?
DIE JUNGE
ja alles Oma
DIE ALTE
alles steht im Heft
DIE JUNGE
nein tut es nicht
die Wahrheit würd ich gerne wissen
DIE ALTE
hat der Richter auch gesagt

die Wahrheit will er wissen
intressant hab ich gedacht
was nützt die Wahrheit wenn man sie nicht glaubt
und wenn man selber seine Wahrheit hat
dann hält man für die Wahrheit das
was man schon selber weiß
da braucht man nach der Wahrheit gar nicht fragen
kann man sich getrost dann sparn
weil lohnt die Mühe nicht
wenn du mich fragst hast deine Wahrheit sicher selber schon
was weißt Ulrike sag was glaubst denn du?

DIE JUNGE

ich weiß es Omi nicht

DIE ALTE

da hast dem Richter was voraus
der hat die Wahrheit vorher schon gewusst
bevor er mich gefragt
nur du du hast mein Heft
und trotzdem fragst du mich
die Anklagsschrift war voller Lügen
so gemein
das glaubt man nicht
auf keine Kuhhaut ging das drauf
was da an Falschheit drin gestanden ist
dass ich gelacht
mit einem lachenden Gesicht soll ich dem Mann gesagt
dass ich es war die
lächerlich
ich hab den Kerl gesehn nach der Verhandlung nicht
da frag ich mich wann ich das ihm gesagt soll haben

weil zum Sagen muss man glaub ich sehen sich
und dass ich mich versteckt im Wald
wie die Gendarmen mich gesucht
wie man so lügen kann
beim Förster hieß es war ich
der bewaffnet haust im Haus im Wald
da musst ich fast schon lachen dem Herrn Richter ins Gesicht ⌟
weil erstens pflegt ein Förster vom Beruf her
eine Waffe führt der automatisch mit
sonst wär's ein Bauer und ein Förster nicht
und zweitens war ich nicht im Wald
bei keinem Förster mich versteckt
hab meine Schwester halt besucht
die hab ich lange nicht gesehn
da geht man auch ein Stück durch Wald
weil das ganz einfach kürzer ist
das kann ein Stadtmensch leider nicht verstehn
was kann da ich dafür

DIE JUNGE
nur davon red ich Oma nicht

DIE ALTE
ach so
und wovon dann?

DIE JUNGE
ob du mit Absicht
weil das sagt dein Heftchen leider nicht
ob du gewusst

DIE ALTE
ich kann nur immer wieder sagen
nein an sowas dacht man damals nicht

es durften die Soldaten eine Nacht und länger nicht
beim Rückzug in den Orten Dörfern bleiben
war Gesetz
weil die Versorgung sonst
weil die zusammenbricht im ganzen Dorf
gibt's nichts zum Fressen dann
wenn die ganz einfach mir nichts dir nichts bleiben so
wie's ihnen passt ⌟
dahergelaufen kommen fressen saufen pöbeln
was weiß ich
im Nachhinein betrachtet geb ich zu war's ganz egal
was die Soldaten nicht gefressen
fraß paar Wochen später dann der Russ
so war das damals
das und nicht nur das
so war mein Auftrag von dem Zellenleiter
hab ihm das gesagt
dass einer bleiben will
Gesetz
nur eine Nacht und länger nicht
das hab ich wie's mein Auftrag vorsieht
dann zur Meldung nächsten Tags gebracht

SCHWESTER#1

und auf die Frage ob sie nicht bei der Gelegenheit in ihrer Meldung auch gesagt dass dieser Mann Soldat angeblich abhaun will sobald Zivilbekleidung aufgetrieben die ihm passt

SCHWESTER#2

so hat's die Zeugin vorhin haargenau gesagt

SCHWESTER#1

dass er fernmündlich nur aus einer Jugend raus gesagt

falls einer Kleider hätt
zivil
dann könnt man abhaun

SCHWESTER#3

Phantasie war das von einem Kind
wie von dem Vater präzisiert
ein Denkgebäude Hoffnung Hirngespinst mehr nicht

SCHWESTER#4

er hat gelacht

SCHWESTER#3

der Vater sagt mit Nachdruck

SCHWESTER#4

hat gelacht dabei

SCHWESTER#1

das war ein Scherz ein Übermut man muss die Jugend doch des Sohns des Kinds bedenken die zu jeder Zeit und auf der ganzen Welt doch dazu neigt sich in Gedanken eine Hoffnung aufzubaun in dunklen Zeiten allemal

SCHWESTER#4

weil sonst zum Lachen viel gab es bei Gott in jener Zeit
nun wirklich nicht

SCHWESTER#2

wenn man nur Kleider Vater hätt
betone hätte hätt
dann könnt man könnt man
nein ich weiß natürlich Vater

SCHWESTER#3

gibt der Vater an
hat er gesagt

SCHWESTER#2

dass das nicht geht

DIE JUNGE

das ist gelogen jetzt
das hat er niemals nicht gesagt

SCHWESTER#1

wie kann das sein sie hat doch vorhin noch gesagt dass sie nur kaum in Teilen nur das Ferngespräch vom Nebenraum der Küche hat gehört der Richter sagt

SCHWESTER#4

wenn sie mit einer Vehemenz bestreitet jetzt das Nämliche

SCHWESTER#3

dann muss sie ja mit einer großen Neugier aufmerksam dem Zwiegespräch gelauscht

SCHWESTER#2

wenn sie mit einer Sicherheit so plötzlich jetzt verneint

SCHWESTER#4

es ist der Vater Zeuge sei noch angemerkt zur Gänze unbescholten

SCHWESTER#1

und sein Leumund tadellos weshalb an der Wahrhaftigkeit des Ausgesagten nicht zu zweifeln ist im Unterschied zu ihr die auch verdächtigt wird darüber raus ein illegales Mitglied der Partei wirft ein der Staatsanwalt

SCHWESTER#3

die offensichtlich lauschend an der Türe stand am nächsten Tag nichts Bessres fiel ihr ein als zu dem Zellenleiter voller übler Niedertracht zu eilen absichtsvoll dem Leben dieses Sohnes Kindes Schaden tödlichst anzutun

SCHWESTER#2

dann spricht der Anwalt ein der Angeklagten dass man

nicht den Leumund nicht die Wahrheit eines Vaters schmälern will und auch in Abred stellen will natürlich nicht jedoch bedenken müsst man dass befangen ist der Zeuge der ein Vater und was höchst verständlich ist mit einer Liebe in dem Telefon fernmündlich hörte und entsprechend heut erinnert sich und eine vage angedachte Fahnenflucht des Sohnes hören wollt und heut erinnert nicht

DIE JUNGE

ich weiß doch was ich hör

SCHWESTER#2

schon wieder Raunen Rufen

SCHWESTER#1

Ruhe

SCHWESTER#4

weiter im Verhör

SCHWESTER#1

was sie dem Zellenleiter der Partei am nächsten Tag gemeldet hat

SCHWESTER#3

vom Staatsanwalt gefragt sie sagt

DIE JUNGE

dass einer bleiben will im Ort und länger als erlaubt von dem Gesetz

SCHWESTER#1

und auf die Frage ob sie sonst noch nichts

SCHWESTER#4

ob sie nicht auch von einer Desertion gesprochen Meldung hat gemacht

SCHWESTER#1

gibt sie nur an

DIE JUNGE

das weiß ich nicht ist mir erinnerlich ich glaub es nicht

SCHWESTER#1

jetzt Ruhe augenblicklich

SCHWESTER#4

ob sie angefordert bei dem Gruppenleiter NSDAP die Streife die dann anderntags gekommen ist

SCHWESTER#1

zu ihr

DIE JUNGE

die hab ich nicht gerufen hätt ich die Befugnis dazu nicht gehabt ⌟

SCHWESTER#3

ob sie den Gruppenzellenleiter nicht gedrängt das Selbige zu tun die Streifen rufen soll weil sie in ihrer ganzen Bosheit wichtigtuerisch begehrt hat auszusagen vor der Streife

SCHWESTER#1

ob es stimmt dass er der Zellenleiter sie sogar gewarnt dass sie beschwören können muss die Wahrheit des Gehörten Ausgesagten schriftlich unterschreiben muss

SCHWESTER#4

warum sie nicht zurückgeschreckt vor dieser Last der Zeugenschaft von der sie wissen musste dass es einem Mann um Kopf und Kragen um das ganze Leben ging wenn sie beschwören können musste was sie heute hier angeblich nur mehr schlecht als recht bloß bruchstückhaft durch die geschlossne Küchentür ja gar nicht hören konnte wie sie sagt

SCHWESTER#3

war das Gehör anscheinend damals gut genug für so ein

schrecklich Todesurteil heute für ihr eignes zum Erstaunen aller seltsam gut genug dann wieder nicht

DIE JUNGE

dann schrie im Publikum schrie einer

SCHWESTER#2

hängt sie auf

DIE JUNGE

und drauf kein Ordnungsruf von diesem Drecksgericht

SCHWESTER#3

wie dann die Streife kam hat sie an ihrem Hörsinn nicht gezweifelt offenbar

DIE JUNGE

ich hab nur wahrheitsmäßig angegeben was die Wahrheit war

SCHWESTER#3

die einem Mann das Leben kosten musst

DIE JUNGE

das hab ich nicht gewusst
ich kann nur immer immer wieder sagen wollt ich nur
dass der nicht bleibt und wieder weg weil die Versorgungslage

SCHWESTER#4

Blödsinn

SCHWESTER#3

zieht die Lösung der Versorgungsfrage wie sie denkt ein Militärgericht nach sich?

DIE JUNGE

das weiß ich nicht ich bin in diesen Dingen ausgebildet leider nicht

SCHWESTER#1

und ob sie dann nicht vor dem Militärgericht das einberufen wurde nach der Meldung bei der Streife und dem Protokoll das sie maschinenschriftlich wurd das aufgenommen den Gendarmen in die Hand diktiert

SCHWESTER#4

ob sie nicht dann verdammt vor diesem Unrechtsmilitärgericht drei Tage später ungefähr ein einzges Mal nur den Gedanken fasste abzurücken von dem Protokoll

SCHWESTER#3

dem Ausgesagten

SCHWESTER#2

Aufgeschriebnen

SCHWESTER#4

Unterschriebnen

SCHWESTER#2

war begreiflich und ersichtlich jedem doch in dieser Zeit was diese Tat

SCHWESTER#3

Verrat

SCHWESTER#2

in Bälde nach sich zieht dort vor Gericht

SCHWESTER#3

dem Feld- dem Standgericht das provisorisch eingerichtet wurde im Gemeindesaal des Dorfs

SCHWESTER#4

und sie als Zeugin vorgeladen zu beschwörn zu wiederholn

SCHWESTER#1

und sie bekräftigt das

SCHWESTER#4

anstatt der eignen Neugier Neigung Niedertracht dem Fanatismus abzuschwörn

SCHWESTER#1

stattdessen

SCHWESTER#3

dreimal hat der Richter dort der Unrechtsrichter dieses Feldgerichts wie eine Zeugin angibt sie gefragt ob sie sich sicher sei ob sie sich nicht verhört ob wirklich nochmals sie bekräftigt ob sie abrückt wirklich nicht

SCHWESTER#1

stattdessen gibt sie nochmals an

SCHWESTER#2

und hätt doch wissen müssen müssen nicht nur glauben meinen wahrhaft wissen Himmel Herrgott dass die Sache der man angeklagt verschuldet einzig und allein durch ihre Tat die feige dass der Tod drauf steht verdammt

SCHWESTER#4

auf all das sagt sie

DIE JUNGE

nein das wusst ich nicht ich kann nur immer immer wieder sagen dass ich wusst das nicht und keine Absicht hatt ich nicht schon gar nicht hab ich dreimal auf die Warnung dieses Standgerichtesrichters hab ich nur gesagt dass das die Wahrheit ist und dass ich sagen kann nur was und wie es ist wahrhaftig

SCHWESTER#3

ob's so stimmt wie's steht maschinenschriftlich in dem Protokoll wurd sie gefragt

DIE JUNGE

sonst nichts und dreimal sicher nicht

SCHWESTER#4

drauf hat sie ja zum Richter das ist wahr gesagt

DIE JUNGE
und mehr auch nicht
SCHWESTER#1
sie gibt noch an
SCHWESTER#2
rechtfertigt sich
SCHWESTER#1
dass sie von dieser Streife den Gendarmen fragte was denn mit dem Mann passiert und dieser sagte
SCHWESTER#3
Hausarrest
SCHWESTER#4
ein Murrn und Rufen Fluchen aus dem Publikum
der Richter
SCHWESTER#1
Ruhe
SCHWESTER#4
Ruhe
SCHWESTER#1
mit der Hand schlägt auf den Tisch
SCHWESTER#4
Katheder
SCHWESTER#1
lachhaft stand im ganzen Land zu lesen auf Plakaten wer den Dienst verweigert an der Waffe stirbt
SCHWESTER#2
sie wird wohl lesen können oder nicht
SCHWESTER#3
sie schweigt
SCHWESTER#2
sagt dann ihr Anwalt leider war's unmöglich aufzufinden

den Gendarmen von der Streife hier als Zeugen der Entlastung vorzuladen wurd gefunden nicht

SCHWESTER#4

der ist entbehrlich sagt der Richter

SCHWESTER#1

auf die gleiche Weise wohl verschwunden wie die Mitgliedskarte der Partei

DIE JUNGE

sagt drauf der Staatsanwalt
die Sau
im Saal man lacht

SCHWESTER#1

vielleicht beim Förster sich versteckt

DIE JUNGE

man lacht noch mehr

SCHWESTER#4

ich sagte Ruhe
alle augenblicklich

SCHWESTER#2

setzt der Anwalt fort dass man im Dorf im Ort sich an Plakate dieser Art wie grad beschrieben aufgehängt erinnert man das Volk befragt sich allsamt nicht

SCHWESTER#1

es war April

SCHWESTER#3

ob sie zu sagen hat die Angeklagte noch zum Schluss bevor sich die Geschwornen weil das Bild bereits komplett

SCHWESTER#4

ob sie noch was zu sagen hat

DIE ALTE

mir ist ein bisschen blümerant

Ulrike
bringst mich wieder rein
ich muss ins Bett

12

DIE JUNGE

ich schau die Körper an die Bilder Teile Glieder die ich schoss die letzten Jahre frag mich fällt zu diesem Arm zu jenem Schenkel Schwanz und Hodensack zur Hand zur Backe ein Gesicht mir ein gibt eine Überprüfung leider nicht müsst fragen bist das du und ob's zu dir gehört und das und das das auch der Anruf kam saß bei der Arbeit Mutter sagt jetzt ist's so weit sie kommt nachhaus wird sie geschickt mit einem Wagen zahlt die Kasse den Transport fuhr mir die Schwester mit dem Arsch durchs Telefon in mein Gesicht wie ich gefragt kann sie die Woche nicht noch bleiben wirkt sie doch so schwach es fehlt ihr nichts damit ich's weiß sie sind ein Krankenhaus ein Pflegeheim das sind sie nicht in einem Ton die blöde Schwester den ich mir verbitt sie hat sich glaub ich grad vergriffen weil ein Rotzmensch bin ich nicht

DIE ALTE

am Morgen Sonne schien trat ich hinaus aus dem Gefangnenhaus die Sachen an der Pforte abgeholt schau auf die Uhr und ist mir plötzlich schwarz und schwindlig worden hat das Herz gerast und in der Kehle eng geglaubt ich sterb an Ort und Stell fall auf die Erd gelacht geweint beim Abschied von dem lieben Anstaltsengel alle andern lang schon fort von meinen Schwestern war die Letzte Längste ich die man politisch hat genannt so eine Pracht die Bäume kann ich sehn das Grün die Blumen Wiesen nicht im Kastenwagen auf der Rückbank in dem Taxi sitz ich schau beim Fenster raus jetzt geht's nachhaus Herr Fahrer raten S' mal wie alt ich bin es hat die Mutter nach der Haft wenn sie das Haus verließ mich müssen immer einsperrn in dem Zimmer weil ich Angst weiß nicht vor was das war ein schönes Wiedersehn mit meiner Mutter kam im Dirndl ich zur Türe rein warn wir zwei Weiber in dem Haus

DIE MITTLERE

da bist du ja
ich hab gewartet schon
das Taxi Mutter zahlt der Staat

13

DIE JUNGE

und ich steh an ihrem Bett
und umarme meine Großmutter
und die Postmoderne umarmt mich zurück
es hat der Mensch für eine Wahrheit einzutreten
eine Eintrittshemmung
kann die Wahrheit nichts dafür denk ich
dass ich politisch
kann nur immer wieder sagen
nein
politisch bin ich nicht

DIE ALTE

ja du

da bist du ja
Ulrike
schau dich an
bin wieder da
wo warst du denn die ganze Zeit
zwei Wochen
musst du immer in der Arbeit sein
das hättst dir nicht gedacht nicht wahr
die Schwester hat gesagt das hohe Alter
biblisch
eine Krankheit ist das nicht
und drum kein Grund zu bleiben in dem Krankenhaus
Ulrike stell dir vor sind lauter Kranke dort
ein Jammern Klagen Schnarchen Siechen
nichts für mich

DIE JUNGE

die Arme leg um sie
die Mutter sagt du isst nichts mehr
zum Gruß ein Kuss
auf beide Wangen eingefalln
der Kiefer fortgegangen
war ich noch ein Kind
schon lang
seitdem ich denken kann
mit Plastikzähnen aufgefüllt den Mund vorm Schlund
das leere Loch in dem Gesicht
die Zähne rausgetan die Tochter Schwester Pflegerin
die Wächterin die Schlüsselträgermeisterin
in einer weißen Dose aufbewahrt
am Kästchen bei dem Bett
hält drum die Wangen nichts mehr auf

bis auf die Zunge reingefalln die Bäckchen
abgeglitten von dem Knochen
Fleisch verschwunden
spitzes Kinn
die Nase lang und schmal
ein aufgespreizter Schnabel ist das
Nase Kinn
dort wo ein Mund
denk ich
ein Krater jetzt

DIE ALTE

als hätt man von der Seite kleinkalibrig weggeschossen
mir ⌟
das Maul

DIE JUNGE

sie sagt
es war doch nur das Alter Kind die Jahre

DIE ALTE

keine Waffe Ulli nicht
wir drehn uns quer zum Feuer zum Beschuss der Zeit
die stets von vorne kommt
was dich nicht umwirft macht dich stark
hast gutes Blut in dir mein Kind
von mir durch deine Mutter dir gegeben
wirst du leben lang wie ich
die Männer sterben früh
bei uns
wir Weiber nicht

DIE JUNGE

und federleicht sie ist
ich heb sie aus dem Bett

ins Freie trag ich sie
im Garten hin zum großen Baum

DIE ALTE

so eine Pracht
der Baum
schau rauf
wie voll wie breit wie weit wie schwer
die Krone
königlich
legt sich auf mich
gekrönt von Blättern Blüten Zweigen ohne Frucht
den Baum erklommen ich
schau auf dich runter Kind wie klein du bist
noch nicht geborn
es führn die Weiber führn die Häuser führn das Dorf
ein jeder Mann im Feld
das nicht der Acker ist
auf diesem Feld wird nicht gesät Kind nur gemäht
was Mannsbild ist
ist von zuhause fort
gibt's manche Mangelware
Mangel auch am Mann
was durch die Dörfer zieht wie mit dem Wind
herbeigeweht verstreut
ist nicht der Rede wert
die schlafen fressen schnauzen Mann für Mann
von hier heroben über Hügel Berge kann ich sehn
du fragst was kommt
vom Horizont
kein Siegesfeuer
Fußvolk Pferde Reiter Wagen nichts

was sich so durchschlägt bis zu uns
kommt aus dem Wald
geht auf den Straßen nicht
Kind schau!
es naht sich deine Mutter die mir Tochter ist
tritt aus dem Haus
kommt auf uns zu

DIE JUNGE

und meine Mutter kommt den Weg vom Haus entlang
und sie sagt nichts
und in ihrem Gesicht ich lese

DIE MITTLERE

ich bin Elektra
die strahlende Sonne der Feuerbrand
der Brand
das Feuer
der Ofen bin ich
in meiner Flamme mit meinen Flammen
durch sie
die mein Zorn sind
verbrenne ich
verbrenne ich meine Herkunft
meine Abkunft
meine Abstammung
meinen Stamm den Mutterstamm
dessen Spross ich bin aus dem ich gesprossen
ich faule Frucht Frucht des üblen Baums
des Gewächses der Fäulnis das Mutter heißt
den Stamm und die Wurzel verbrenne ich im Feuer
das mein Zorn ist mein heiliger gegen die Mutter
sie

die ich gerecht bin und sie sie nicht
schneide hacke trenne ich was mich verbindet
mit der Ungerechten
ihr
die Schnur vom Nabel meinem führt in ihren Leib
ich schneid sie durch ⌟
und sie sagen:
siehe das Mannweib es hat ein Geschlecht wie ein
Mann ⌟
das zwischen ihren Beinen hängt die rote Blut-
wurst prall gefüllt die Nabelschnur ⌟
ein Blutsglied seht
sie sagen
seht den Mann das Weib das wie ein Mann
mit einem Beutel prall gefüllter Hose steht sie da
das Weib ganz wie ein Mann
und sie mir Mutter ist und ist und ist und immer
war ⌟
ich reiße zwischen mit der Axt gespaltnen
Schenkeln ⌟
diesen Schlauch der mich mit ihr verbunden raus
aus ihrem Fleisch
der Mutterfurche
Falte
Schlitz
ich zieh bis dieser Ort an dem ich rangereift zum
Menschen ⌟
aus dem Nichts
in dieser Frau
vor mir am Boden liegt

und schaut das Blutfleisch aus dem Mutterbauch
das Adernetz ⌟
pulsierend auf der Erde
wie ein plattgepresster Laubbaum aus
der umgefällt am Boden liegt
an Ort und Stelle gleich verbrenn ich ihn
den Baum vom Bauch
an dessen Ast ich rangereift
der Apfel fällt man sagt nicht weit
das ist ein Pech
verfaul nicht weit vom Stamm gefalln in ihrem
Schatten ich ⌟
zertritt ein Schuh was von mir übrig ist den Rest
und bleibt nicht stehn und geht schnell fort
wer nimmt die Axt den Stamm zu Fall zu bringen
außer mir ⌟
kein Bruder keine Schwester von dem Baum
gepflückt ⌟
Orest nicht tot nein nie geboren keine Axt zu
schwingen ⌟
harten Stahl zu führen gegen Rinde morschen
Stamm ⌟
wart ich auf keinen mehr
ich bin sie selbst
ich bin die Axt
es fällt der Stamm
der Mutterbaum
er brenne
lichterloh

DIE JUNGE

und meine Mutter schaut mich an

und schaut weg und in die Landschaft
und nicht länger lese ich in ihrem Gesicht
und sie sagt
ach

DIE MITTLERE
hier draußen seid ihr zwei
das Essen Mutter steht am Tisch

DIE JUNGE
und im Haus zurück im Zimmer
sitzt im Bett

DIE ALTE
die Augen schlecht geworden in der Untersuchungshaft
mit dreißig Jahrn ein blindes Huhn gewesen schon
wenn man nicht schaun kann in die Ferne
geht das beste Aug kaputt
ganz ohne Grün
jetzt gib schon Ulli her

DIE JUNGE
im Kasten hinten unten in der Truhe früher bunt bemalt
naive Blumen drauf
dort wo das Heft
bei Briefen Büchern Karten Knäuel grobes Garn
fast wie Spagat
und meterweise draus gehäkelt Bänder Schnüre wie ein Hanfseil
aufgerollt zu Ballen kindskopfgroß

DIE MITTLERE
hab alles aufgewickelt aufgeräumt wie ich ins Haus gekommen
damals auf dem Boden sie gefunden
ganz verheddert in ein Netz

aus Garn am Fuß der Garderobe
nackt
was machst du denn
bist jetzt verrückt
was räumst den ganzen Scheiß da aus dem Kasten raus
in deinen eignen Fäden dich verfangen dich verstrickt

DIE ALTE

ich strick schon lang nicht mehr
das geht mit diesen dummen Augen nicht
mit einer dicken Häkelnadel lange Schnüre dann
die Löcher in den Maschen seh ich nimmer
hätt so gern ein Deckchen noch gemacht
und ewig rundherum gehäkelt schöne Stäbchen
ging halt leider nicht
nur eine Kette grade hin
aus Masche Masche Masche hunderttausendfach
weil ich so alt geworden bin

DIE JUNGE

jetzt übertreibst du aber Oma

DIE ALTE

nix
in meinen besten Zeiten
hab an einem Tag ein ganzes Kinderwestchen fix und
fertig hergestrickt
mit Bommeln dran
da hat der Finger der den Faden führt vom festen Garn
so eine tiefe Furche dann im Fleisch
ganz blau vom Faden abgewürgt
und manchmal Blut sogar sich in die Wolle reingesoffen
harte Arbeit war das Kind
bin wirklich weit gekommen

dass am Schluss ich blöde Schnüre häkle
die man wegschmeißt wenn ich fort
Verbrechen ist das
dass ein Mensch so schlecht zusammenkommt
dass ich das noch erleben muss
dass ich zu nix mehr bin

DIE MITTLERE
hab ihr ein Nachthemd angezogen
kann ja nackig nicht am Boden auf die Rettung warten
hat die Augen einmal kurz nur aufgemacht
gesagt
ja du bist das
sich wie ein Baby eingerollt

DIE ALTE
gib mir die Knäuel Ulli her

DIE MITTLERE
den Boden aufgewischt
den Kasten zugemacht

DIE ALTE
was in der Truhe ist
sag's deiner Mutter könnt ihr gern vernichten
brennt wie Zunder sicherlich

DIE JUNGE
die Knäuel mit den Häkelschnüren hab ich ihr aufs Bett gelegt ⌟

DIE ALTE
und mach den Kasten zu

DIE MITTLERE
hab ihr beim Atmen zugehört
mich zu ihr hingesetzt

zum Telefon gegriffen
Tochter
Rettung
alles aufgeräumt
gewartet
ruhig
am Boden
sie
und ich

DIE ALTE

such mir den Anfang Ulli da
ich find ihn
seh ihn nicht
verdammt jetzt hilf mir mal
wozu ich Augen hab
ich seh das nicht
die sind für nix

DIE JUNGE

wie ich dann ging
Gut Nacht gesagt
hat angefangen
Oma
aufzutrennen
Schnüre
meterlang

14

SCHWESTER#1
die Angeklagte endlich eingesunken sitzt
SCHWESTER#2
als ob man ihr die Wirbelsäule Stück für Stück
das Rückgrat rausgelöst
SCHWESTER#1
wir uns schon fragen ob sie schläft
SCHWESTER#2
die Schönheit
SCHWESTER#1
Blümelein
SCHWESTER#2
vom Land
SCHWESTER#1
verwelkt
SCHWESTER#3
nach Stunden einem ganzen Tag
SCHWESTER#4
jetzt alle Zeugen vorgesprochen
SCHWESTER#3
Frauen Männer aus dem Dorf
SCHWESTER#4
die halbe Nachbarschaft
SCHWESTER#2
wir fragen uns ob man befreundet ist vielleicht jetzt war
SCHWESTER#3
ein letztes Mal der Vater vorne sitzt
SCHWESTER#4
hat drum gebeten das Gericht nur kurz bevor das Urteil

die Geschwornen über Schuld und Unschuld stimmen
im Geheimen
SCHWESTER#2
haben Hunger
SCHWESTER#1
in dem Saal das Volk schon unruhig auf den Plätzen wetzt
wir denken dauert nicht mehr lang
die Kerzen fast herabgebrannt
SCHWESTER#3
an seinen Händen
SCHWESTER#1
alles still ganz plötzlich
SCHWESTER#4
sagt der Vater
SCHWESTER#3
einem Goldzahn ihn erkannt
ihn ausgegraben
SCHWESTER#4
sagt er
unter Tränen
SCHWESTER#1
schöne zarte dünne Hände
Finger
wie ein Pianist
ein Geigenspieler
lang und schlank
SCHWESTER#3
ihn dran erkannt
SCHWESTER#1
ein weißer Halbmond wie gemalt an jedem Finger jedem
Nagel

SCHWESTER#3
sieht er heute bildlich lebhaft noch vor sich
SCHWESTER#2
das Brustbild vorher hat naturgemäß gezeigt die Hände nicht
SCHWESTER#4
aus tausend würd er finden
SCHWESTER#3
an den Händen
SCHWESTER#2
blind
SCHWESTER#3
ein jeder Vater kennt sein –
SCHWESTER#4
sagt er
mit des Pfarrers Hilfe hat die Stelle
SCHWESTER#1
nicht am Friedhof lag er
SCHWESTER#2
auf dem Feld
SCHWESTER#1
zum Waldrand hin
SCHWESTER#2
und auch den Baum an welchen er gebunden
SCHWESTER#4
gold der Zahn
SCHWESTER#3
als Kind verlorn
SCHWESTER#2
die Stelle dann gefunden

SCHWESTER#4
weil der Pfarrer angegeben war mit ihm auf seinem letzten Gang
SCHWESTER#3
weil ich die Ehre hatte schreibt er brieflich ihren Sohn den werten zu begleiten auf dem letzten war ich bis zuletzt an seiner Seite auf dem schwersten letzten
SCHWESTER#2
auf dem Truppenschießplatz
SCHWESTER#1
exhumiert
SCHWESTER#3
ihn trotzdem gleich erkannt
sofort
trotz Erde Wesung
trotz Verfall
ihn gleich an seinen
SCHWESTER#2
schon gesagt
das hat er
sagt der Anwalt
vorher schon sich wiederholt
SCHWESTER#3
von meiner Frau die Hände wohl geerbt
schaun nicht wie meine aus
SCHWESTER#1
herausgehoben aus dem Feld der Erde endlich heimgebracht
zu seiner

SCHWESTER#4
arme Mutter armer Vater hat er
schreibt der Pfarrer ganz am Schluss nur noch an sie
gedacht ⌟

15

SCHWESTER#1
sie geht ins Haus am nächsten Tag die Tochter
SCHWESTER#2
Königstochter
hat das Frühstück unterm Arm dabei
SCHWESTER#4
kommt durch die Hintertür
von hinten rum
es fällt ihr Blick aufs Bett
SCHWESTER#3
ist leer
ist keine Mutter drin
SCHWESTER#4
nur aufgewickelt
SCHWESTER#1
Berg aus Knäuel
SCHWESTER#4
rotes Garn auf der Matratze aufgetürmt
SCHWESTER#2
zieht sich die Jacke aus
SCHWESTER#3
durchs Zimmer geht zur Küche weiter

SCHWESTER#2
Garderobe
SCHWESTER#1
nach der Mutter ruft
SCHWESTER#4
sie will die Jacke
SCHWESTER#1
Mutter ruft sie
SCHWESTER#4
auf den Haken
SCHWESTER#1
Mutter
SCHWESTER#4
hängen
SCHWESTER#1
ruft sie
SCHWESTER#4
hin
SCHWESTER#2
steht bei der Garderobe
SCHWESTER#1
hört zu rufen auf
SCHWESTER#3
hängt ihre Mutter dort
SCHWESTER#4
halb in der Luft
SCHWESTER#2
an einer Schnur aus Maschen
SCHWESTER#1
selbst gehäkelt
sie

SCHWESTER#2
sich einfach in die Schnur gelegt
SCHWESTER#3
mit ihrem Hals gebunden an die Wandvertäflung
SCHWESTER#4
an das Holz
SCHWESTER#2
die Garderobe
SCHWESTER#1
an die Wand
DIE MITTLERE
ich dreh mich um
zur Türe vorn hinaus
ging ich ums Haus
zum Schuppen
holt die Axt
im Holzblock steckt
das Beil
geh wieder rein
und schlug das Seil entzwei
zu Boden fiel
ein Mensch
hinab
ich hielt die Axt
noch eine Weile fest wie angewurzelt
stand ich
widerstand der Schwere des Metalls
nach unten
zieht
mein Blick zur Wand

kein Fenster drin
dacht ich
ins andre Zimmer ging
das Beil
damit
noch in der Hand
legt mich
ins Bett
wie mich die Tochter fand
war eingeschlafen
ich
ich hätt so gern
Ulrike
einen Bruder
weiß ich nicht
halt so
gehabt

16

DIE JUNGE
am Abend vorm Begräbnis saß in meiner Wohnung läutet's Sturm schau durch das Guckloch mach ihm auf und fliegt die Tür getreten an die Wand und ich zurück und brüllt der Kerl wie das kommt dass er am Handy eine Nachricht hat mit Fotos er beim Schlafen drauf mit seinem Schwanz mit seinem Arsch in meinem Bett gefolgt von fünfzig weiß nicht andern Fotos andrer Männer schlafend Bäuche Beine Schwänze Ärsche Hände Arme allesamt was ich für eine bin was ich für eine

bin verdammt dann schlug er zu kroch auf den Knien
zum Bett auf allen viern jetzt sag doch was er schreit ich
dreh mich um und schau ihn an ich schmeck nach Blut
und sag
auf deine Frage
zur Verteidigung
was ich da vorzubringen hab würd sagen
erstens
weiß es nicht
die Tat den Tätern überlassen nicht
denk ich
was ich für eine bin
wie schön dass er gekommen
zweitens
nochmal nochmal schlägt er zu mit starken Armen
harte Fäuste dran
und zweitens
nochmal
dreimal
viermal
weißt
sag ich
wer A sagt
schöne Hände hast du
muss auch –
wie Baum
dann hab gelacht
und aus
das Licht

In die Dunkelheit hinein
Bilder
von Männerkörpern
Männerkörperteile
unzählige
in allen Variationen
unterschiedlichster Männer
ohne einer zu sein
und doch

Ende

Im April 1945, wenige Tage vor dem Ende der Nazidiktatur, wurde ein zwanzigjähriger oberösterreichischer Soldat aufgrund einer Denunziation als Deserteur zum Tod verurteilt und ermordet.

Anmerkungen

5,4 *Klytaimnestra:* Gestalt aus der griechischen Mythologie, dort Ehefrau des mykenischen Königs Agamemnon und Mutter von Iphigenie, Orest, Elektra und Chrysothemis. Da ihr Ehemann bereit ist, ihre gemeinsame Tochter Iphigenie zu opfern, um gute Winde für seinen Krieg gegen Troja zu erhalten, hasst sie ihn und ermordet Agamemnon schließlich zusammen mit ihrem Liebhaber Aigisthos. Dafür rächt sich Orest einige Jahre später an ihr und tötet sie und ihren neuen Mann. Für den Muttermord, dem in der griechischen Mythologie schlimmsten aller Verbrechen, wird Orest von den Erinnyen, den Rachegöttinnen, die das personifizierte schlechte Gewissen darstellen, verfolgt.

5,10 *Hundsmäuligen:* In Aischylos' Drama *Die Eumeniden* (485 v. Chr.) werden die Erinnyen wiederholt mit Hunden in Verbindung gebracht.

5,12 *Schließanstalten:* Schließanstalt: anderes Wort für (Untersuchungs-)Gefängnis

21,8 *ein Schlag:* hier: Schlaganfall

27,28 *Grüner Heinrich:* veralteter umgangssprachlicher Ausdruck für Gefangenentransporter der Polizei, v. a. in Österreich verwendet

32,19 *abgeschalt:* hier: abräumen

35,18 *Krüppel:* hier: Kriegsversehrte

43,3 *bist du politisch:* Die Frage der Schwester#2 zielt darauf ab, zu erfahren, ob Maria wegen einer ›politischen‹ Straftat ins Gefängnis gekommen war. Damit meinte man in dieser Zeit v. a. Straftaten, die im Dritten Reich begangen worden waren, aber bis 1945 nicht als solche verstanden worden wären, wie etwa Verrat von oder Gewalt an politischen Gegnern der Nationalsozialisten.

46,5 *verlern das Denken … mucks dich nicht:* Die Zeilen erinnern an das Lied »Du nennst Dich Demokrat« des rechtsextremen Liedermachers Frank Rennicke (geb. 1964), der bereits zweimal von der NDP als Kandidat für das Amt des deutschen Bundespräsidenten nominiert wurde (2009/2010).

61,16 *Stoik:* Gelassenheit, Gleichmut

64,5 f. *Fall von Wien:* Am 13. April 1945 endeten die Kämpfe im Wiener Stadtgebiet und die Rote Armee besetzte die einstige und spätere österreichische Hauptstadt.

64,9 f. *die Waffen aller Deutschen per Dekret Vertrag:* Am 7. Mai 1945 unterschrieb Generaloberst Jodl im amerikanischen Hauptquartier in Reims die bedingungslose Kapitulation der deutschen Streitkräfte, die am 8. Mai um 23 Uhr in Kraft trat. Der sowjetische Machthaber Stalin verlangte eine Wiederholung der Zeremonie in seinem Hauptquartier in Berlin-Karlshorst, weswegen Generalfeldmarschall Wilhelm Keitel auch dort die Kapitulationsurkunde unterschrieb.

66,23 f. *niemals war sie Mitglied der Partei:* Immer wieder brachten Menschen nach 1945 als Entschuldigung vor, sie seien kein Mitglied der NSDAP gewesen. Das aber hieß nicht, dass derjenige/diejenige nicht einer der Gliederungen der Partei angehört haben konnte (etwa der Hitler-Jugend oder einer NS-Berufsorganisation wie dem Nationalsozialistischen Lehrerbund). Außerdem hatte die NSDAP bereits im April 1933 eine Aufnahmesperre für Neumitglieder eingeführt, weil zu viele Menschen gleichzeitig beitreten wollten. Erst 1939 war sie wieder vollständig aufgehoben worden.

69,2 f. *Nazisse umgeknickt:* (schlechtes) Wortspiel des Wärters, das die umgangssprachliche Bezeichnung für eine Anhängerin der NSDAP mit einer Blumensorte (Osterglocke) in Verbindung bringt

70,7 f. *der Richter dieser Volljud und sein Staatsanwalt ein Doppelvolljud:* Die Stelle offenbart, dass »die Alte« noch immer in Kategorien der NS-Zeit denkt und die damit geschaffenen Vorurteile für sie noch immer Geltung besitzen: Als ›Volljuden‹ bezeichneten die Nationalsozialisten Menschen, die von mindestens drei jüdischen Großeltern abstammten. Die Bezeichnung ›Doppelvolljude‹ wurde im NS-Staat dagegen nicht offiziell verwendet, soll hier aber suggerieren, dass der Staatsanwalt noch weitere jüdische Vorfahren hat. Mit dieser verächtlichen Charakterisierung legt »die Alte« auch nahe, dass sie das Opfer einer jüdischen Rachejustiz ist und nicht wegen einer tatsächlichen Straftat angeklagt und verurteilt wurde.

73,30–74,1 *was unterm Namen Wahrheit ... lange tot aus gutem postmodernen Grund:* In der Postmoderne – einer Sammelbezeichnung für noch immer gegenwärtige und dominante Strömungen innerhalb der Kunst und Philosophie – herrscht die Überzeugung, dass es die eine Wahrheit nicht geben kann und man stets verschiedene Versionen von Wahrheit akzeptieren müsse. Besonders für juristische Verfahren hat diese Überzeugung erhebliche Folgen, weil sie die Suche nach Verantwortung für ein bestimmtes Geschehen erschwert oder im Extremfall sogar für ganz unmöglich erklärt: Wenn sich ›die‹ Wahrheit nicht ermitteln lässt, dann kann man auch keine Schuldigen wirklich dingfest machen. »Die Junge« kämpft in dieser Szene mit dieser philosophischen Position: Das Ergebnis – der Tod, die Hinrichtung des Soldaten – steht ja fest, ist eine unumstößliche Tatsache, so argumentiert sie, wie kann dann der Weg, der zu diesem Tod geführt hat, nicht auch wahrhaftig rekonstruiert werden?

86,16 *Zellenleiter:* Der Zellenleiter war im Nationalsozialismus für die Betreuung und Verwaltung von vier bis acht Blocks, die ihrerseits von Blockleitern geführt wurden, zuständig, in der Regel nur in städtischen Siedlungsgebieten. 1939 gab es im Reich knapp 100 000 solcher Zellenleiter, deren wesentliche Aufgabe darin bestand, die Bewohner ihres Einflussbereichs politisch zu überwachen.

90,6 *Gruppenleiter:* Gemeint ist der Ortsgruppenleiter, der in der NS-Hierarchie über den Zellenleitern, die ihm Bericht erstatten mussten, stand.

90,14 *Gruppenzellenleiter:* gab es als offizielle Bezeichnung im Nationalsozialismus nicht, gemeint ist Zellenleiter. Palmetshofer hat diese Bezeichnung hier freilich absichtsvoll gewählt, zum einen aus rhythmischen Gründen, zum anderen, weil er die Assoziation mit Gefängniszellen vermeiden wollte.

91,26 *Militärgericht:* Vor einem Militärgericht werden nur Vergehen verhandelt, die gegen das Militär gerichtet sind bzw. von aktiven Soldaten begangen wurden. In Kriegszeiten enden die Strafverfahren oft mit Todesurteilen, besonders dann, wenn sich die Straftat gegen die militärische Disziplin und die Befehlskette richtete. Die NS-Militärtribunale waren besonders gefürchtet, weil sie gerade am Ende des Krieges fast nur noch Todesurteile verhängten.

92,22 *dem Feld- dem Standgericht:* Feldgerichte sind Militärgerichte für mobile Truppenteile; Standgerichte werden in der Regel eingesetzt, um Aufstände zu unterbinden. Die in einem Standgericht gefällten Urteile – sehr oft Todesurteile – können vom obersten Befehlshaber vor Ort zum sofortigen Vollzug gebracht werden.

94,24 f. *wer den Dienst verweigert … stirbt:* Ab 1935 gab es wieder die Wehrpflicht im Deutschen Reich. Kriegsdienstverweigerung galt ab dann als Verbrechen und wurde mit schweren Zuchthausstrafen und/oder der Einweisung in ein Konzentrationslager geahndet. Später zog die Weigerung, in den Krieg zu ziehen, als sogenannte Wehrkraftzersetzung die Todesstrafe nach sich, was in der Bevölkerung allgemein bekannt war.

101,13 *Elektra:* Gestalt der griechischen Mythologie, dort Tochter des Agamemnon und der Klytaimnestra, Schwester von Orest, Iphigenie und Chrysothemis. Sie ist in tiefer Trauer über den Mord an ihrem Vater und will ihn gerächt sehen. Elektra ist bis in die Moderne immer wieder Gegenstand der Kunst.

103,19 *Orest:* Gestalt der griechischen Mythologie, dort Sohn des Agamemnon und der Klytaimnestra, Bruder von Iphigenie, Elektra und Chrysothemis. Orest rächt den Mord an seinem Vater, indem er seine Mutter und deren Liebhaber tötet. Dafür wird er von den Rachegöttinnen (Erinnyen) verfolgt.

117,11 *Im April 1945:* Kurz vor Kriegsende wurden in vielen Teilen des zusammenbrechenden Deutschen Reichs noch zahlreiche Menschen von Militärgerichten zum Tode verurteilt oder von umherziehenden Einheiten der Waffen-SS oder der regulären Feldpolizei ohne Gerichtsverfahren hingerichtet.

Nachwort

Demokratische Rechtssysteme kennen aus gutem Grund keine Sippenhaft: Ihnen gelten Schuld oder Schuldanteile als jeweils individuell und nicht übertragbar durch verwandtschaftliche Beziehungen. Diese notwendige juristische Klarheit sagt freilich noch nichts darüber aus, was die Schuld eines Einzelnen in moralischer und psychischer Hinsicht in seiner Familie oder auch gesellschaftlich anrichten kann. Genau von diesen Auswirkungen einer fürchterlichen Tat aber erzählt Ewald Palmetshofers Drama *die unverheiratete*.

Die drei Hauptfiguren, deren Namen wir erst im Verlauf des Stückes und dann auch nur nebenbei erfahren,[1] treten uns im Figurenverzeichnis zunächst in ihrer generationellen Beziehung gegenüber als »Die Junge«, »Die Mittlere« und »Die Alte«. Zwischen ihnen liegen 20 bzw. 40 Jahre Altersunterschied[2] und recht bald wird den Rezipient:innen deutlich, dass sie in direkter Nachkommenschaft zueinander stehen – als Tochter, Mutter und Großmutter. Was ihr Verhältnis jedoch genau ausmacht, was es derart belastet, dass sie schon zu Beginn der Dramenhandlung emotional voneinander entfremdet erscheinen, bleibt lange unklar.

Überhaupt verlangt Palmetshofer seinen Leser:innen und

1 »Die Junge« heißt Ulli bzw. Ulrike (vgl. S. 18, S. 34), »die Mittlere« Ingrid (vgl. S. 68) und »die Alte« Maria (vgl. S. 37). Durch die Bedeutung ihrer Namen sind sie somit auch als »die (reiche) Erbin«, »die (göttlich) Schöne« und »die Geliebte« implizit charakterisiert. Vgl. auch weiter unten.

2 Die Altersangaben im Figurenverzeichnis sind nicht identisch mit denen im Stück: Dort ist »die Alte« nicht 90, sondern 96 Jahre alt.

Zuschauer:innen von Anfang an viel ab; die Handlung, in der sich Gegenwart und Vergangenheit immer wieder überlagern, ist komplex und die Rollen sind nicht immer klar voneinander getrennt. Schon die erste Regieanweisung macht deutlich, wie aufgeladen und multidimensional alleine das Bühnenbild und einzelne Requisiten sind: Die im Zentrum aufgebauten Betten stehen nicht nur für die drei Unterkünfte der Protagonistinnen, sondern gehören auch zum Interieur des Gefängnisses, in dem »die Alte« einige Jahre verbringen musste. Umgeben sind die Liegen von weiteren typischen Gestaltungselementen einer Schließanstalt, denn die Türen haben Gucklöcher und verfügen über Durchreichen für den »Fraß« (S. 5), den man hier zu sich nehmen muss. Damit sind aber auch die angedeuteten Wohnungen aller drei Frauen umschlossen von den Anstaltsmauern – ein erster subtiler Hinweis darauf, dass »die Junge«, »die Mittlere« und »die Alte« mindestens symbolisch in ein und demselben Gefängnis ›sitzen‹. Dieser Eindruck wird dadurch unterstützt, dass auf der Bühne durchgehend der »Thron« (ebd.) des Richters präsent ist und somit ebenso eine Beziehung zu allen drei Hauptfiguren zu haben scheint.[3]

Rätselhaft dürften für die Rezipient:innen auch die »hundsmäuligen« (ebd.) Schwestern sein, die im Drama mehrere Rollen übernehmen: Mal spielen sie die Gerichtsverhandlung gegen »die Alte« nach und verkörpern dabei Zeug:innen, Richter und Staatsanwalt, mal sind sie die Mitinsassinnen in der Haftanstalt oder agieren ein anderes

3 Nicht umzusetzen auf der Bühne ist hier im Übrigen die Szenenanweisung »und das Gericht, es kennt sein Volk« (S. 5).

Mal als Krankenschwestern, die sich um »die Alte« in der Gegenwart kümmern. Erst durch genaue Lektüre bzw. präzise Analyse des Bühnengeschehens und der jeweiligen Figurenkonstellation lassen sich die verschiedenen Schichten des Dramas voneinander trennen und so deren Verbindungen begreifen.

Bezeichnenderweise sind es die vier Schwestern, die die Bühnenhandlung in einer Art Vorspiel eröffnen: Sie inszenieren dabei einen Teil des Verfahrens gegen »die Alte«, sprechen nicht nur die Texte der Beteiligten, sondern beschreiben und charakterisieren auch die Handelnden (»bekannt dafür dass ihm sehr schnell der Faden reißt von der Geduld«, S. 9). In dieser Verhandlung, die im Drama erst nach und nach entfaltet wird, wird über die Tat geurteilt, die das Leben der drei Frauen, die im Zentrum des Stückes stehen, so nachhaltig beeinflusst hat: Maria, »die Alte«, hat im April 1945, nur wenige Tage vor Hitlers Selbstmord und kaum zwei Wochen vor dem Kriegsende, einen jungen Soldaten angezeigt, den sie bei einem Telefongespräch, das sie mit anderen belauscht, von Desertion reden hört. Die NS-Behörden sind gnadenlos und lassen den Burschen hinrichten. Kurz nach dem Krieg muss sich »die Alte« nun ihrerseits einem Richter stellen, der sie schließlich zu einer langen Haftstrafe verurteilt. Dabei sieht die Angeklagte ihr Fehlverhalten nicht ein, immer wieder beruft sie sich auf das damals geltende Gesetz (»das hab ich wie's mein Auftrag vorsieht dann zur Meldung nächsten Tags gebracht«, S. 86) und beteuert, dass sie von der drohenden Todesstrafe nichts gewusst, sondern bestenfalls mit Hausarrest für den Soldaten gerechnet habe (vgl. S. 94). Bis in die Gegenwart der Dramenhandlung wird sie bei dieser Haltung bleiben.

Erst nach der Verbüßung der Strafe findet »die Alte« einen Mann und bekommt mit ihm eine Tochter, der sie lange nicht erzählt, warum sie deutlich älter ist als die anderen Mütter (vgl. S. 68). Gleichwohl merkt Ingrid, »die Mittlere«, dass mit ihrer Mutter etwas nicht stimmt. Auch die Enkelin Ulrike erfährt erst spät, dass »die Alte« im Gefängnis war – und noch viel später den wahren Grund dafür. Es ist Maria selbst, die ihr das enthüllt, wenn auch nicht direkt, sondern über ein Heft, in dem sie schon Jahre zuvor alles für ihre Nachfahren aufgeschrieben hat. Mit Reue hat das bei ihr allerdings nicht viel zu tun, in ihrem unerschütterlichen Stolz erinnert die Figur einen Rezensenten der Mannheimer Aufführung von 2015 gar an die alte Leni Riefenstahl, die große Filmpropagandistin des »Dritten Reichs«, die bis zu ihrem Lebensende wenig davon wissen wollte, sich schuldig gemacht zu haben.[4] Diese fehlende Einsicht Marias und ihre emotionale Härte aber haben Folgen: Ihre Tochter ist von ihr entfremdet, verurteilt sie vor allem scharf für ihren Umgang mit ihrem mittlerweile verstorbenen Vater. Sie beschreibt »die Alte« als äußerst gefühlskalt, als eisig gegenüber ihrem Ehemann: »vielleicht ach Mutter ist er einfach bloß erfrorn / ganz still und heimlich unbemerkt / man sagt es wird dem Kälteopfer / kurz vorm Sterben wohlig warm / so muss es wohl gewesen sein / hat's für die Liebe er gehalten / war's der Tod« (S. 59). Sie will sich geradezu gewaltsam von diesem mütterlichen Erbe

4 Vgl. Steffen Becker, »Schuld, die sich einschreibt«, nachtkritik.de (Stand: 28.7.2022). – Leni Riefenstahl (1902–2003) schuf u. a. einen der erfolgreichsten Propagandafilme der NS-Zeit unter dem Titel »Triumph des Willens« (1935) sowie eine zweiteilige filmische Feier der Olympischen Spiele von 1936 (1938).

lösen: »verbrenne ich meine Herkunft / meine Abkunft / meine Abstammung / meinen Stamm den Mutterstamm / dessen Spross ich bin aus dem ich gesprossen / ich faule Frucht Frucht des üblen Baums / des Gewächses der Fäulnis das Mutter heißt« (S. 101).[5]

Schlimmer noch betrifft die uneingestandene Schuld »die Junge«[6]: Entgegen der Aussage Marias, sie sei von einem stolzen Geschlecht, dessen Stärke über das Blut von der Großmutter und der Mutter an sie weitergegeben worden sei (vgl. S. 99), ist das Erbe[7] Ulrikes ein ganz anderes: Sie fliegt haltlos durch das Leben, hat unzählige Liebhaber, an die sie sich nicht binden kann und will (vgl. u. a. S. 16)[8], wird schließlich Opfer männlicher Gewalt (vgl. S. 116) und sieht für sich, recht eigentlich, keine Zukunft (vgl. S. 38).

5 Nicht ganz klar ist an dieser Stelle, ob diese Elektra-Fantasie der »Mittleren« tatsächlich ihre eigene ist oder nur eine Projektion der »Jüngeren«, die zuvor sagt, sie lese in ihrer Mutter Gesicht (vgl. S. 101).

6 Es ist deshalb kein Zufall, dass der Titel »die unverheiratete« in erster Linie auf sie verweist. In einem Interview mit Sascha Feuchert vom 27. 6. 2022 verdeutlicht Ewald Palmetshofer aber auch, dass der Titel noch weiter greift: »Ich würde im Titel auch die Alte genannt denken – von der Haftentlassung her als ungewöhnlich alte, unverheiratete Frau in diesem dörflichen Kontext. Aber auch Elektra – die unverheiratete Tochter –, also die Mittlere ... Einer Theorie zufolge könnte der Name Elektra auch ›unverheiratet‹ bedeuten. Dafür habe ich zwar keine sehr fundierten Belege gefunden, aber der Gedanke hat mir gefallen.«

7 Hier sei noch einmal auf die Namensbedeutung verwiesen, s. Anm. 1.

8 Bezeichnend ihre Selbsterkenntnis: »Recherche Forschung dacht ich nach verbrachter Liebesnacht / und geb ich zu gesteh ein bisschen spät erwacht mein Interesse an dem Mann« (S. 17).

Wie sehr das alles mit Marias Tat, die Ulrike doch erst so spät in ihrem Leben offenbart wird, zu tun hat, entdeckt sich den Zuschauer:innen schon früh im Drama: Immer wieder spricht »die Junge« nämlich Texte, die eigentlich zur »Alten« gehören.[9] An diesen Stellen erkennt man am deutlichsten das, was man vielleicht transgenerationale Schuld nennen könnte – eine uneingestandene oder beschwiegene Schuld, die von Generation zu Generation weitergegeben wird, gerade auch dann, wenn dies nicht bewusst geschieht. Diese transgenerationale Schuld entspricht auf der Täterseite in etwa dem, was bei Opfern und ihren Familien häufig als transgenerationales Trauma beschrieben wird: eine so tiefe seelische Verwundung, die auch das Leben der Nachkommen immer weiter prägt.[10] Gegen beides hilft –

9 Dazu erläutert Ewald Palmetshofer: »Die Junge repräsentiert die Alte in deren Erinnerung – und sie repräsentiert die Alte in ihrer (also der Jungen) Befragung der Vergangenheit. Ich glaube, dass es hier einen sonderbaren wechselseitigen Identifikationsblick der Alten und Jungen aufeinander gibt: Die Alte, die in der Jungen ihre eigene vergangene Gestalt erkennt; und die Junge, die in sich nach möglichen Spuren ihrer Großmutter sucht.« (Interview Palmetshofer/Feuchert, s. Anm. 6)

10 Dieses transgenerationale Trauma ist Gegenstand vieler Publikationen von Angehörigen der sogenannten ›zweiten‹ oder ›dritten Generation‹, also der Nachkommen von Holocaustopfern. Ein besonders eindrucksvolles Beispiel dafür aus jüngster Zeit ist: Maya Lasker-Wallfisch, *Briefe nach Breslau. Meine Geschichte über drei Generationen*, Berlin 2020. – Es versteht sich, dass diese Gegenüberstellung von Schuld und Trauma auf Täter- bzw. Opferseite verkürzt ist und weiterer Ausdifferenzierung bedürfe, denn auch schuldhaftes Verhalten kann als Traumatisierung verstanden werden und es gibt bei Verfolgten des NS-Regimes auch das Gefühl einer Überlebensschuld.

wenn überhaupt – nur das aktive Durcharbeiten, das ausgiebige Sprechen, das aber an eine Anerkennung von Schuld und Trauma gebunden ist.

Marias Tat und ihr uneinsichtiger Umgang mit dieser aber wirken sich tragisch für ihre Nachkommen aus: Damit bewegt sich Ewald Palmetshofer mit seinem Drama auch nah an einem antiken Verständnis von Schuld, die Aristoteles in seiner *Poetik* als *hamartia*[11] bezeichnete. Für »die Mittlere« und »die Junge« sind es freilich nicht mehr die griechischen Götter oder eigene Fehler und Irrtümer, es ist die (Groß-)Mutter, die sie tragisch schuldhaft verstrickt.

Überhaupt sind die vielfältigen Bezüge des Dramas zu antiken Vorbildern und Mustern nicht zu übersehen: Nicht nur ist das ganze Stück in Versen verfasst (was sicher für heutige Rezipient:innen nicht ganz leicht zu verstehen ist[12]), sondern auch auf figuraler Ebene finden sich diese

11 Wie der Ausdruck *hamartia* bei Aristoteles korrekt übersetzt werden muss, ob als ›Fehler/Irrtum‹ oder als ›Schuld‹ oder gar noch anders, ist seit langer Zeit Gegenstand wissenschaftlicher Auseinandersetzung; eine genauere Diskussion würde hier aber zu weit führen. Vgl. Aristoteles, *Die Poetik*, bibl. erg. Ausg., Stuttgart 2014.

12 Annette Raschner verweist in ihrer Kritik zur Aufführung am Vorarlberger Landestheater (2018) bei dieser »stark rhythmisierten Sprache« darauf, dass diese auch »ganz in der österreichischen Literaturtradition steht. Zu Beginn fällt es nicht leicht, in diese Sprachwelt, die der Musik stärker als den Fakten verpflichtet zu sein scheint, hineinzukippen. Doch einmal drinnen, spürt man eine faszinierende Sogwirkung« (vgl. www.kulturzeitschrift.at/kritiken/theater/die-geister-der-vergangenheit-die-unverheiratete-am-vorarlberger-landestheater, Stand: 28.7.2022). Ewald Palmetshofer nennt noch einen anderen Grund: »Einer-

Anschlüsse. Die vier namenlosen Schwestern, die sich immer wieder in das Geschehen einmischen, sind klassische Erinnyen-Figuren, die als Personifizierungen des schlechten Gewissens verstanden werden können.[13]

Die Verbindung zwischen antiken Dramenmitteln und Gegenwartsbedeutung stand auch für viele Rezensenten der Uraufführung (2014) und der folgenden Inszenierungen im Mittelpunkt. Dabei weiten die Kritiker die Bedeutung der transgenerationalen Schuld nicht selten aus: »Die eigentliche Frage richtet die Inszenierung ohnehin an die Zuschauer. Will man es überhaupt noch so genau wissen? Regisseur Fischer hält die Konfrontation mit der Tat [in der Mannheimer Aufführung] bewusst kurz und schafft ein Setting, dass man der Jungen zurufen will: Warum quälst du die alte Frau, warum muss sie sich wegkauern vor dei-

seits tendieren meine Texte immer eher hin zu einer strikteren sprachlichen Form. Andererseits fand ich den sprachlichen Duktus von historischem Material jener Zeit sehr interessant. Die Protokollführung erfolgte paraphrasierend und also nicht im O-Ton, mit dem Effekt, dass sämtliche Stimmen durch die Hand der protokollierenden Person in eine sonderbare Ähnlichkeit in Rhythmus und Duktus zueinander gebracht wurden. [...] Diese Form habe ich versucht nochmals zu verstärken.« (Interview Palmetshofer/Feuchert, s. Anm. 6)

13 In der antiken Mythologie gibt es eigentlich nur drei Erinnyen, Palmetshofer hat sich aus aufführungspraktischen Gründen für vier Schwestern entschieden: »Ich wollte, dass den drei Frauen der Generationenfolge Junge/Mittlere/Alte eine nicht gleich große Gruppe von ebenfalls drei Schwestern gegenübersteht. Diese Spiegelbildlichkeit der Anzahl auf der Bühne wollte ich vermeiden. Die Gruppe der Schwestern sollte daher um zumindest eine Person mehr bzw. größer sein.« (Interview Palmetshofer/Feuchert, s. Anm. 6)

nen Fragen, welch unwürdigen, mitleiderregenden Anblick zwingst du uns auf? Das ist beunruhigend – und zutiefst menschlich.«[14]

Eine beruhigende oder die Konflikte lösende Antwort bietet *die unverheiratete* in der Tat nicht: Man mag im Selbstmord der »Alten« ein spätes Schuldeingeständnis sehen, das den nachfolgenden Generationen auch die Hoffnung lässt, sich aus der Schuldverstrickung zu befreien.[15] Sicher ist das indes nicht: Das Stück endet schließlich damit, dass »die Junge« brutal von einem ihrer Liebhaber zusammengeschlagen wird. Ein neuer Anfang sähe nun wirklich anders aus – was bleibt, ist daher wohl nur der langwierige, immer wieder schmerzhafte Weg der direkten Auseinandersetzung, familiär wie auch gesellschaftlich.

Sascha Feuchert

14 Becker (s. Anm. 4).
15 So deutet es Raschner (s. Anm. 12).

Zu den Autoren

Ewald Palmetshofer, geb. 1978 in Linz, studierte in Wien Theologie sowie Philosophie und Psychologie auf Lehramt. In der Spielzeit 2007/08 war er Hausautor am Schauspielhaus Wien, wo sein Stück *hamlet ist tot. keine schwerkraft* entstand, das 2008 zu den Mülheimer Theatertagen eingeladen war. 2010 folgte die Einladung für *faust hat hunger und verschluckt sich an einer grete*; 2015 wurde Palmetshofer für *die unverheiratete* mit dem Mülheimer Dramatikerpreis ausgezeichnet. Die Inszenierung am Wiener Burgtheater von Robert Borgmann wurde zudem für das Berliner Theatertreffen 2015 ausgewählt. 2018 wurde Palmetshofer mit dem Else-Lasker-Schüler-Dramatikerpreis geehrt, 2019 mit dem Gert-Jonke-Preis. Von 2012 bis 2015 unterrichtete er am Institut für Sprachkunst der Universität für Angewandte Kunst in Wien; von 2015 bis 2019 war er als Dramaturg am Theater Basel tätig; seit der Spielzeit 2019/20 wirkt er am Münchner Residenztheater. Dort wurde auch sein Drama *Die Verlorenen* uraufgeführt, das in der Kritikenumfrage von *theater heute* zum Stück des Jahres 2020 gewählt wurde.

***

Sascha Feuchert, geb. 1971, ist Professor für Neuere deutsche Literatur mit dem Schwerpunkt Holocaust- und Lagerliteratur und ihre Didaktik am Institut für Germanistik an der Justus-Liebig-Universität Gießen. Für sein wissenschaftliches Engagement wurde er mehrfach ausgezeichnet – zuletzt mit dem Copernicus-Preis der Deutschen Forschungsgemeinschaft und der Stiftung für die polnische Wissenschaft.

Inhalt